「つくす」若者が「つくる」新しい社会

――新しい若者の「希望と行動」を読む

藤本耕平
Kohei Fujimoto

ベスト新書
506

目次

第3章

第4章 若者が生き生きと働ける環境とは何か

序章

なぜ、若者は仲間に「つくす」のか

「仲間を喜ばせて、自分もハッピーになりたい」

「それな！」
若者同士「共感の連鎖」がはじまる瞬間の感覚のこと。

２０１6年、夏「18歳選挙権」とつくし世代の行動

本年、２０１６（平成28）年夏の参議院選挙を皮切りにいわゆる**18歳選挙権**が適用されることになり、正月早々の新聞でも、若者にスポットを当てた特集記事が「例年より」も多く報道されました。この改正公職選挙法は、昨年の6月に可決されたもので、現行の20歳以上の男女に選挙権が与えられた１９４５年から70年ぶりに選挙権年齢が引き下げられるということで注目を集めています。この改正によって、具体的には、満18歳以上の**約２４０万人**が新たに有権者となり、国政選挙をはじめ、地方公共団体の首長、議会選挙などで、投票行動を行うことになります。

この新しい選挙制度は政治にどう影響を及ぼすのか、あるいは、どう社会は変わっていくのかという若者に対する期待を込めたニュース・討論番組がテレビで放送される一方で、「何も変わらないのではないか」という視点から組まれた番組もあり、18歳選挙権に対する意識が、今年の夏までは高まり続けていくように思われます。

昨年、私は、『つくし世代「新しい若者」の価値観を読む』（光文社新書）という本を出版いたしました。内容的には当世の「若者論」という範疇《はんちゅう》に入ると思われますが、現在、**31歳以下のつくし世代の若者たち**は、新しい価値観で、独自のマインドを持ち、新しい「生

き方」を選択し始めているのではないかと考えをまとめ提言しました。

というのも、彼らの特徴である他人に**「つくす**（**尽くす**）**」**という観点から、若者の消費行動を捉《とら》え直すと、私たちの「上の世代」における「若者の行動」とまったく異《こと》なる行動をしていることに気づかされたのです。

最近、「18歳選挙権」との関連も相まって、この新しい価値観を持つ若者たち、つまり、つくし世代への解説を新聞、テレビなどのマスメディアやクライアント企業、公共団体などから求められる機会が多くなってきました。政局的にどう変わるのか、ということについては、私の分を超えていますので予測はつきませんが、若者がどういう価値観で社会に**コミットメント**（**参画**）するのかについては、彼らと深く接する過程で皮膚感覚で「気づかされる」ことがたくさんあります。そこでつくし世代の若者にとって**政治**とはいかなる意味があるのか。彼らの社会へのコミットメント、行動はどうなるのかについて、本書で紹介できればと思います。

仲間を喜ばせて自分もハッピーに

本年、『朝日新聞』の「いま子どもたちは」という特集記事（「政治って？①」）で、まさに、若者にとっての「政治」の意味を問う取材を受け、私はこう述べました。

日常的にSNS（Social Network Service）で**誰かとつながっている若者**にとって、**仲間の関心事は自分ごととほぼイコール**。仲間内のサプライズパーティーなどを好むのも、「**相手を喜ばせて自分もハッピーになりたい**」という、素朴な「つくしたい」気持ちからだと思う。

顔の見える誰かのためになら「つくす」ことをいとわない。そうした思いは政治につながるのでは。「地元がこんな風になったらいいな」「こんな学校になればいいのに」と、**身近なところから社会に興味を持てるような仕掛けや回路作りが欠かせない。**

（『朝日新聞』2016年2月4日付。太字は著者による付記改変）

仲間を喜ばせて自分もハッピーになりたい。

私がつくし世代と呼ぶ今の若者たちを一言《ひとこと》で表すなら、これが定義になります。また、この動機こそが彼らの行動の「原動力」となっているのです。

そうした若者の具体的な行動、社会参画のお話は、次章以降で述《の》べることにいたしますが、まずは、改《あらた》めてつくし世代とは何か、そもそもそれはどんな若者であるのか、そこからお話を始めることにします。

つくし世代の若者と出会うまで

現在、若者を評する形容詞に、「**ゆとり**」「**さとり**」があります。いずれも多くのメディアで「キャッチコピー」のように取り上げられております。

私はこの言葉に大きな違和感を抱いていました。彼らはもっとポジティブなパワーをもっている。上の世代からの偏見《へんけん》が彼らのパワーを削《そ》いでいるのではないか。もっと彼らの明るい部分にフォーカスを当てたい。そんな想いから「**つくし世代**」という言葉が生まれました。

なぜ私が彼らの驚くべきパワーを感じることができたのか。それは学生と共に若者を研究する組織「**ワカスタ**（**ADK若者スタジオ**）」を創設したことがきっかけでした。

私は、２００２年にアサツー ディ・ケイ（以下、「ADK」と表記）という広告代理店に入社して以来、14年間、部署異動することなくマーケティング業務に従事してきました。比較的若者と年齢が近いうちから多くのクライアントと仕事をさせていただけたため、その経験を生かして、若者向けのブランドを担当することが多くなりました。その分野はトイレタリー・化粧品・金融・食品・流通小売・家電メーカー・スポーツメーカーなどさまざまです。若者をターゲットとした戦略的な商品開発、広告戦略などをクライアントに提案するのが私の主な仕事です。

広告代理店のマーケティングに特に求められていることは、メーカーのマーケティング以上に「ターゲットを深く知っていること」です。メーカーはどうしても特定の市場での分析に偏ってしまう。そこで広告代理店の我々《われわれ》が、特定の市場に限らず、幅《はば》広い視点でターゲットの生活を捉《とら》え、彼らのニーズを汲《く》み取《と》ることが重要になるのです。

私はこれまで、一般的な**WEB調査**（数百名～1千名規模のWEB上アンケート）や**グループインタビュー調査**（1グループ6名程度をお呼びしての座談会形式ヒアリング）などを頻繁《ひんぱん》に行いながらターゲットを分析してきました。しかし、ある時からこのような手法に限界を感じ始めました。

理由は大きく二つあります。

一つめの理由は、若者の流行や生活スタイルの変化が目に見えないところで起こるようになったことです。以前までは流行を作るのは**マスコミ**でした。テレビやタレントの言うことに強く影響されていた時代は、俯瞰《ふかん》しながらマーケットを見ていても、ある程度世の中の動きを把握《はあく》できました。しかし、現在は流行はマスコミではなく生活者自身が作り上げています。たとえば**iPhone**（**アイフォン**）が初めて発売された2007年の頃を思い出してみてください。その当時は、いわゆる**ガラケー**が主流で、iPhoneのような**スマートフォン**（**スマホ**）はまだ浸透していませんでした。さて、最初に飛びついたのはどこの世代でしょう。いわゆる**バブル世代といわれる現在40代後半の世代**です。一方、若者たちは「**フリック入力**って何？あんなのでメール打てるの？」と否定的でした。しかし、あるきかっけで、iPhoneが急速に若者たちに浸透《しんとう》しました。それは、「**iPhoneがないと就活**（**就職活動**）**やばいよ**」**という噂が流れたこと**です。どんなにアップル社がiPhoneの機能をアピールしても見向きもしなかった若者たちが、自分たちの周りの言葉で流行を作り出していく。そのとき、そんなパワーを垣間《かいま》見ました。

前述のような従来調査では、設問数や時間の制約もあり、ある程度仮説を立てて調査をすることが重要になります。しかし彼らは、このように大人世代には気づかないうちに、**急激に変化**していたりするので、適切な仮説が立てにくくなっています。俯瞰《ふかん》したマーケティングに限界を感じ始めたのです。

二つめの理由は、本音と建前を使い分けるのが上手い若者が増えたことです。SNSの浸透《しんとう》によって、多くのコミュニティとつながることが可能になりました。小学校の友だち、高校の友だち、大学の友だち、バイト先の仲間、社会人の知り合い、趣味の友だちなど……いまや「旧友」という概念《がいねん》もなく、自分がこれまで関《かか》わってきた人、そしてこれから関わっていく人すべてとつながり続けていくのです。するとどうなるか。そのコミュニティごとに自分が居心地の良い**キャラクター**を**使い分ける**ようになるのです。今の若者は、「大学デビュー」しても、四六時中そのキャラで押し通すことができないんです。高校時代のコミュニティと関わるときは、その当時のキャラに戻らなければなりませんから。

このように、その場その場でキャラを使い分けることに慣《な》れた若者たちに調査を実施しても、「**調査に合わせている。これは本音じゃないな**」**と感じることが増えてきました。**従来の調査では、本音を探ることが難しい時代になっているのです。

これらの問題を解決するために、たどり着《つ》いた答えが、私が若者たちの生活に飛び込んで、彼らと**仲間**になることでした。彼らと同じコミュニティに所属することで、本音で語り合い、リアルタイムで彼らの今を知れる。そんな環境をつくり上げました。それが「**ワカスタ**」という組織です。

若者たちと一緒に研究する組織「ワカスタ」

「ワカスタ」は情報感度が高い大学生のみで構成されていて、企業と学生と共同で若者向けの商品の開発やキャンペーンを行ったり、学生の手で全国の学生のための「**ビジコン**（**ビジネスコンテスト**）」を開催したりと、「若者のチカラをもっと世の中に！」というコンセプトでさまざまな取り組みをしています。現在は、新聞社と組んで若者が読みたくなる**次世代型の新聞**づくりにもチャレンジしています。設立当初は東京のみでの展開でしたが、今では関西と九州に新たに設立し、三つのエリアで活動しています。彼らは分析力や観察力に優れ、また彼らを通じて周囲にいる若者たちにもヒアリングできるとあって、過去よりも踏《ふ》み込んだ若者調査ができるようになりました。私自身、思いもよらない発見を毎日のようにさせてもらっています。また、彼ら若者にとっても、自分の将来を見出すうえで、同じ志《こころざし》を持った仲間との出会いや、企業の悩みを直《じか》に聞き、そのソリューションをチームみんなで考えるという体験は、かけがえのない知的蓄積《ちくせき》になるはずです。私と学生たちはまさに**W－I－N－W－I－Nの関係**で「ワカスタ」を進めることができるわけです。

そんな動機で始めた「ワカスタ」プロジェクト。設立から3年が経《た》ち、つくし世代の思考や価値観をさらに詳細《しょうさい》につかめるようになっています。

私が、彼らと長い時間付き合えば付き合うほど、上の世代以上に強く感じる傾向があります。

それは、**彼らが、自分の価値観をしっかり持っていることでした。**その価値観が「いつ、どこで、どのように生まれたのか」と思考の整理をしていくと、ある時代の転換点にぶつかりました。具体的には**１９９２年を大きな世の中の構造が変わった年だと気づいたのです。**その変化を契機として、若者たちの思考、行動パターンは大きく変わったのだと認識しました。その認識が、つくし世代と私が考える世代論でした。

つくし世代とは何か＝１９９２年が時代の転換点

自分だけではなく、他人をも幸せにしたい。そのために他人に「つくし」たい。私は前著で、そんな今の若者をつくし世代と名付けました。**「１９９２年以降に小学校に入学した人たち」**。つまり、**１９８５年生まれ**（２０１６年時点で31歳以下の世代）が**「つくし世代」の始まり。**彼らを**「つくし第一世代」**と呼ぶことにします。さらに、**１９９２年生まれ以降**（２０１６年時点で24歳以下の世代）**でつくし世代の傾向が強まっています。**彼らが**「つく**

し第二世代」です。

「つくし世代の若者」とは、どのような環境で生まれ育ってきたのか。序章では、その中心となる特徴をおさらいしておきたいと思います。**私は、1992年を時代のターニングポイント**として捉え、以下の四つの理由をもとにつくし世代という若者像を描《えが》いていきました。

①教育環境の変化

つくし第一世代（1985年生まれ）**が小学校に入学する年**（1992年）**に、「学習指導要領」が大きく改訂されました。**個性尊重をはっきり打ち出した教育方針のもと、学力の評価基準が相対評価から絶対評価へと変わり、競争意識を煽ることから、本人の自立性、創造性を豊かにすることが目指されました。また、つくし世代の傾向がさらに強まったつくし第二世代（1992年生まれ）は小学4年生から高校卒業までどっぷりと「ゆとり教育」の下で育ちました。

②家庭環境の変化

1992年に「共働き」世帯数が「専業主婦」世帯数を上回りました（内閣府調べ）。

また核家族化も進んでいたので、必然的に、家族の団欒《だんらん》は減り、当時子どもだった彼らは一人でいる時間が増えたとも言えるでしょう。

③経済環境の変化

バブル崩壊の年。この年に小学校に入学した世代以降が、本書でつくし世代と呼ぶ若者たちです。それがどんな意味を持っているのか、当時小学校6年生だった私(現在36歳)ですら、実感できませんでした。そもそも、右肩上がりの時代を知りません。いわんや、つくし世代の若者たちはこの20年間を「**失われた20年**」と呼ばれていることすら違和感があるのかもしれません。

④IT(Information Technology)環境の変化

一家に一台パソコンを所有するのが日常化したのが「**つくし第一世代**」が中学生の頃でした。その生活空間で育った若者たちは、パソコンがある生活が当たり前。つくし世代は**デジタルネイティブ世代**とも言われるゆえんです。学校からのお便り、連絡網も「**メール**」に変わっていきました。そして「**つくし第二世代**」が中学に入学した2005(平成17)年には、**インターネット人口も7割に到達し**、このころから中学生の携帯保有率は5割を超え、中学生が普通に携帯で友だちとやり取り、ゲームに没頭できる環境がつ

図1　携帯（PHS）の普及率

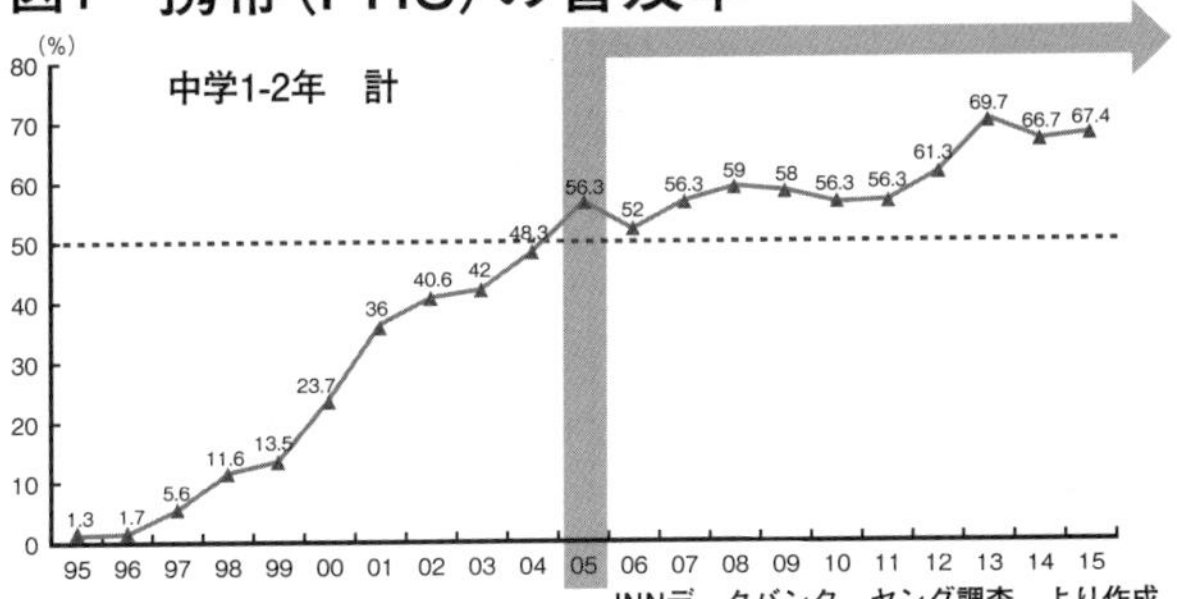

JNNデータバンク　ヤング調査　より作成
中学生（1-2年）300名　首都圏（30km圏内）

くられました（**平成26［2014］年度総務省「通信利用動向調査」より**）。また、保有率が高い中学3年生のデータは含まれない中学1-2年生のデータですが、時系列で中学生の**携帯**（**PHS**）**保有率**が追えるデータを紹介します。図1の折れ線グラフをご覧ください。首都圏に限ったものにはなりますが、時系列推移は参考になると思います。2005年以降、広く普及しているのが分かると思います。彼らのデジタルを駆使してのコミュニケーションテクニックには目を見張るものがあります。それについては第二章で紹介します。

こうした時代の大きな転換点がもたらした生活環境の変化を経験し、今の若者たちは「つくられた（人間形成された）」と言うこともできると思います。この四

図2　つくし世代年表

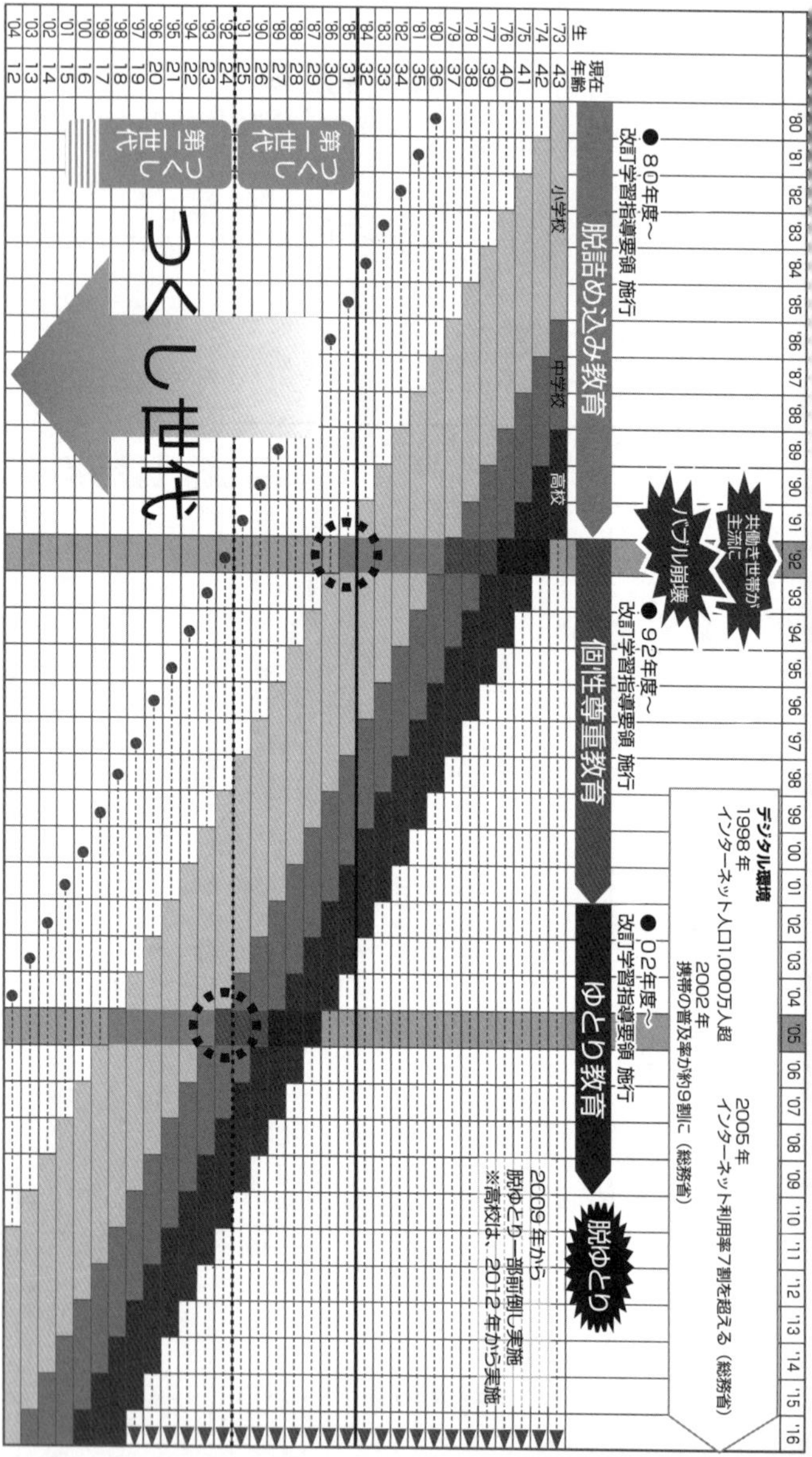

1985 年生まれ以降がつくし世代。上の世代とは、教育環境、家庭環境、経済環境が大きく変わり、価値観が異なる。
さらに、1992 年生まれ以降の若者で、よりつくし世代の傾向が強まる。これはネット環境、初めて携帯を持つ時期の変化が大きく影響する。

つの点を「四題噺《ばなし》」として要約すれば、**「個性尊重教育で他人との比較ではなく、自分が主役であると意識を高め、家族みんなで食卓を囲む習慣は減り、さみしくなったけれども、自分と向き合う自由は獲得し、ネット環境の発達で世界同時に他人とつながる喜びも感じることができた。しかし、右肩上がりの時代から低成長という社会の停滞時期に直面し、現実問題として生きる選択、決断を求められていた。ゆえに、自分をどう生かしていくのかという問題を常に意識し、他人に〝つくす〟ことで自分の世界を広げることができると知った」世代**なのかもしれません。現実的に上の世代とは**異質なマインド**を持たねば現実を生き延《の》びることができないことに自覚的だとも言えると思います。

つくし世代の若者の特徴は次の章で詳《くわ》しく説明します。

他人の喜びを「自分ごと」にする世代

本書では、**つくし世代が生まれた時代背景や環境の変化**、また**つくし世代の若者が今後生み出すと思われる社会的な変化**について、考察するものです。

前者については、デジタル環境の変化や自己の確立、リアルなつながりの希薄化などさまざまな要因が考えられます。それは後《のち》に詳述することとして、ここでは、その結果**「自**

図3　自分ごとの広がり

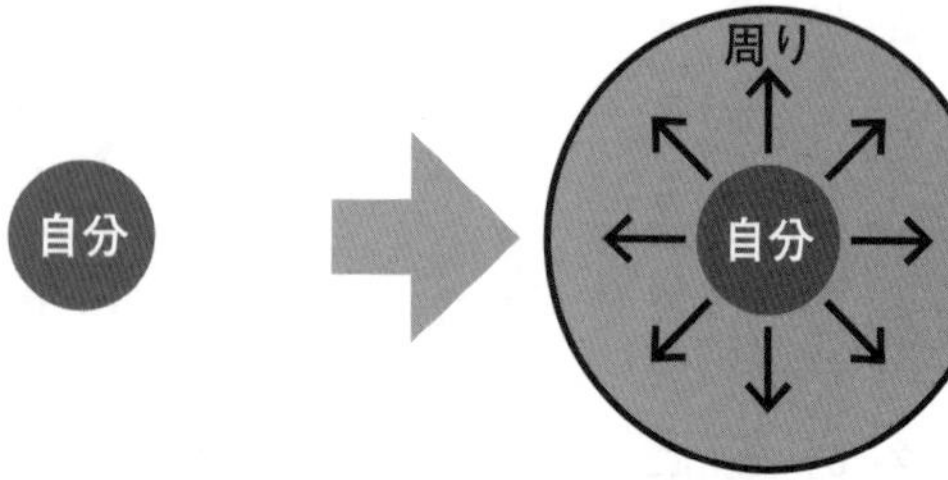

自分の所属するコミュニティの誰かが得することをも自分の喜びとして捉えることができる。

分ごと」の範囲が非常に広《ひろ》がっていることを指摘したいと思います。

　数年前まで、「自分ごと」といえば文字どおり自分のことだけ。そしてマーケティングの世界では、商品やサービスをアピールするときに重要なのは、それが他人ごとではなく「自分ごと」に感じさせることだと言われてきました。

　ところがつくし世代においては、その「自分ごと」の範囲が広がっています。直接的には本人の得にはならないことであっても、「これは誰かの得になりそうだ、誰かが喜んでくれそうだ」と思うことなら、自分ごとに含まれてしまう。**コミュニティ内の誰かが得することなら、それも「自分ごと」として捉え、積極的にアクションする。**それが今の若者の行動の「動機」です。

極端な例をあげるなら、「他人に自慢できるからこの商品を購入する」とか、SNSに投稿して、「たくさんの『**いいね！**』をもらいたいから旅行に行く」といった行動パターンが、それに当たります。写真映え（フォトジェニック）を意識した消費行動も、その一つ。例えば、食べ物をジェンガのように盛り付ける「**ジェンガ盛り**」。食べやすさは疑問ですが、写真映えするので写真をアップすれば間違いなく大量の「いいね！」を集めるでしょう。SNSなど他者とのつながりを通して「自分ごと」を広げる**デジタルツール**を徹底的に使いこなしていることも、つくし世代の大きな特徴だと言えるでしょう。

「それな！」でつながり合う関係＝仲間

もっとも若者たちは、誰彼かまわず「つくそう」としているわけではありません。彼らが本当につくすのは、自分と同じ価値観を共有し、共感できる相手、**WIN-WIN**の関係を構築できる相手のみです。この世代に流行っている超人気マンガ『**ONE**《ワン》 **PIECE**《ピース》』（集英社『週刊少年ジャンプ』で連載中）の主人公がよく使う「仲間」という概念で言い表した方がわかりやすいかもしれません。彼らはそんな仲間を見つけ、共感し合えたときの喜びを、しばしば「**それな！**」という言葉で表現しています。**ここでは、「共感**

＝それな！」という感覚が重要であり、逆に言えば、「それな！」と通じ合える相手が「仲間」と言うことができるのです。

同じ学校、クラス、同じ会社に属しているなど同じ**属性**だからといって「つくす」とは限りません。しかし「同じ方向性を向いている」「同じ価値観を持っている」等の共感ポイントがあれば、彼らは連携し、お互いに仲間と認め合い、「つくし」「つくされる」仲間関係を構築していきます。つくし世代とは、いわゆる「**それな！」で共感し合い、その共感をつなげ、広げていくことを最大の喜びとする世代。**そう定義することもできそうです。

今や、共感を生み出して連鎖し合うことが、そのままつくし世代の若者にとって「喜び」になっています。SNSで仲間内の誰かの面白い投稿をシェアし合い、時にはもっと面白く加工して遊ぶ。そこで生まれる一体感、**つながり感**こそ、彼らが求めているものです。彼らは、他人と自分との共通項を常《つね》に探し続けています。**共通項を持つ他人と共感し合いたいというマインドが、さらに共感を連鎖《れんさ》させていきます。**

サプライズという日常イベント

「サプライズ（Surprise「驚き」から派生し、他者を喜ばせる「たくらみ」とその実行の意味）」の習慣も、つくし世代ならではの盛《も》り上がり方をしています。

例えば誕生日を迎える本人のみを外し、内緒でLINE（ライン）グループをつくっては「どんなパーティーにしようか」と仲間内で盛り上がる。これは典型的な共感の連鎖です。サプライズを仕掛ける側は「秘密を共有している」という連帯感を味わえますし、サプライズされる側には「自分のためにこんなにしてくれた」「人がつくしてくれた」という喜びがある。サプライズほど「つながり」を感じさせる遊びは、なかなかありません。

共感を生み出して連鎖し合うことで生まれるパワーは、社会の至るところで具現化しています。それはマーケットを見ていても明らかで、「一人で買い物に行くより、友だちで買い物に行くほうが、高価になる」などのデータが報告されています。若者たちはもう自己満足するだけの買い物（消費）にはお金を使おうとしません。私の周囲のつくし世代も、よく「旅行に行っても、友だちにどんなお土産を買うか、考えるほうが楽しい」「誰かに喜んでもらう行動のほうが考えていてワクワクする」と言います。

最近、学生のあいだでこんな習慣も定着しつつあります。留学する学生に、友人たちが餞別《せんべつ》がわりにダンボール箱に物を詰めて贈るのですが、その中身は日本食。お茶漬けや缶詰など、「これを海外で食べたら絶対美味しいよね」「これがないと困るよね」と思うものを、友人一同想像しながら詰め合わせるのです。ですからダンボール箱を贈る側の学生も楽しいですし、もちろん贈られた側の留学生も、そのダンボール箱を開いたときは「こんなの入れてくれたんだ」と驚き、また嬉《うれ》しく思うわけです。

ハロウィンにしても、本番前からLINEグループをつくり「どの衣装にするか」で大変に盛り上がります。そもそもハロウィンは、私たちの世代においてはさほど定着しなかったイベントですが、それを今の若者世代が「みんなで盛り上がれる」イベントとし定着させたというところが面白い。**コスプレ**等、日本の若者文化に通じる部分があることが追い風にもなりましたが、**一番は「みんなで一緒につくり上げる」文化祭的な喜び**が大きいのではないでしょうか。共感し合い、一緒に「つくり」あげていくプロセスに、つくし世代は惹《ひ》かれています。

本書の構成

つくし世代のたちの若者たちはいったいどこに向かっているのでしょうか。

彼らの「人につくす」という行為の裏側にある欲求・意志・葛藤を、本書で紐解いていきます。彼らがつくり出す社会を一緒に考察していきましょう。

前置きが長くなりましたが、最後に本書の構成をお話しします。これから第1章と第2章では、今の若者たちの行動原理とコミュニケーションのあり方を、彼らが求める人とのつながり、その「関係性」を明らかにしながら具体的に見て行きます。第3章からは若者たちが働きかける社会とそのコミットメントに力点を置きます。彼らの大切にしたい「居場所」という概念とそれに密接につながる「仕事観」を、第4章ではその関連として若者たちの新しい「働き方」を考察します。第5章では、若者たちの異性との交流、恋愛・結婚・家族観を考察します。第6章では、「18歳選挙権」で注目される政治意識と具体的な社会活動を考察します。

終章では、改めてつくし世代とは何かを問いかけると同時に、未来を担《にな》う若者たちの潜在能力をどう引き出すべきか、その「関わり方」について提言します。そして彼等らが社会に及ぼす影響力について総括《そうかつ》します。実はそれこそ、私が本書でお伝えしたいことです。**つくし世代は、これからの社会変革の当事者であり、またこれから到来する新しい時代を生きるためのヒントを、私たち上の世代に授けてくれるポテンシャルを秘めている。**私はそう考えているのです。

第1章

「自分が主役」になる環境で育った

つくし世代は、上の世代と何がどう違うのか

ハロウィン
今やみんなで一緒にコスプレをし、仲間とつながるためのイベントととして若者には解されている。

「自分ものさし」「つながり願望」「ケチ美学」「ノットハングリー」「せつな主義」

前著で私は、つくし世代の特徴を五つのキーワードで整理して説明しました。簡単におさらいしてみましょう。

自分ものさし

彼らは個性尊重教育のもとで育ち、幼いうちから自分の意見を確立させています。彼等は好きなことにはとことん貪欲。他人からの「押しつけ」を嫌うところにそれは表れています。自分の価値観が確立しているため、「世間のものさし」ではなく「自分ものさし」で物ごとを捉えます。「こうでなければならない」と、他人の価値観や過去の常識にとらわれることはありません。また、以前のアムラーやキムタクファンのように、誰かの意見やファッションをすべて鵜呑《うの》みにする若者も減っています。多くの選択肢の中から、自分に最適なモノ、情報、生き方などを**チョイス**し、自分のフィーリングを大切にして生活しているのです。

一見、リア充そうに見える派手な女の子も、中身はかなりのアニメオタクでグッズを集めていたり、真面目そうな男の子でも、妙にクラブミュージックに詳しかったりと、一人の人格のなかに、さまざまな顔をあわせ持っています。自分の好きなことをチョイスしていった結果、多面的な若者が生まれていったのです。

本年1月に発売された今や国民的アイドルであるNMB48山本彩さんの写真集『みんなの山本彩』（ヨシモトブックス）がバカ売れしているのは、「自分ものさし」を持った若者たちに共感されたと言えるでしょう。この写真集は「**山本彩を街で見かけたら撮影し放題**」という企画から生まれたもので、一般のファンから集まった写真が多く掲載されています。プロによって作られた（押しつけられた）アイドルの姿よりも、自分たちの目線で捉えた等身大のアイドルの姿を自分たちで「つくる」ほうが共感されやすい面もあるのではないでしょうか。

アイドル観、アーティスト観も、ここ数年ですっかり様変わりしています。完成されたもの、カリスマに圧倒されるもの、かっこつけたものは支持されなくなっています。

その意味でも、**AKB48**（**秋元康**氏のプロデュースによるアイドルグループ。2005年〜）登場は刺激的でした。歌も踊りも外見も完璧とは言えない、「**総選挙**」となれば喜怒哀楽をファンの前にさらけ出して、不完全さをこれでもかと見せてくる。しかし、そここそ若者たちは共感を覚えました。不完全でないからこそ、自分を投影し、感情移入し、応援できる。自分が育てなきゃという責任も芽生《めば》える。アイドルを応援しながらも、その実、主役は若者自身であるという新しい楽しみ方を提供するものでした（同じ秋元康氏のプロデュースの**「おニャン子クラブ」**［1985〜87］と異なるのは、テレビが作り出したアイドルではなく、**劇場**に足しげく通う**ファンが作り出したアイドル**である点です）。

ファッションのトレンドも同様です。若者に話を聞くと、「自分はモデルさんのように背が高くないしイケメンでもないから、ファッション雑誌はあまり参考にならない」と言います。そのかわり、今、彼らが参考にしているのは、スマホのコーディネートアプリの**「ウェア（WEAR）」**です。人気ブランドのアイテムや着こなしを写真で探《さが》すことができるアプリですが、ポイントはモデルさんが素人であり、写真を投稿するのもその素人《しろうと》本人であること。だから若者にも参考になるし、共感できるというわけです。

アーティストで興味深いのは**「キュウソネコカミ」**。音楽センスもさることながら、若者たちが共感する歌詞で人気を博しています。「何も無い休日」や「サブカル女子」は必聴です。彼らの曲を聞くと、若者たちの本音が見えてきます。そして、彼らの魅力は歌詞だけではありません。ファンを巻き込んで一緒に楽しむスタンスのライブが面白い。例えば「ステージ上で2重丸を描いた画用紙を掲げると、ファンが2重丸になってグルグル回り出す」といったように、ステージと観客席が一体となったパフォーマンスでライブを盛り上げていくのです。こうなると観客が受け身の姿勢ではライブが成り立ちません。アーティストとファンの境目がなくなり、まるでファン自身がバンドの一員であるかのようです。

また、アニメ市場でも若者の「自分ものさし」を捉えてヒットしている作品があります。**『アイドルマスターシンデレラガールズ（通称「アイマス」）』**はアイドルグループを主人公にしていますが、彼女たちは「アイドルは笑顔が大事、アイドル自身が心から楽しむことを大切に」がモットー。昔のアイドルのようにグループの色に独自性を出すのではなく、アイドル一人ひとりの輝ける個性を引き出す手法で売り出しています。また**『ラブライブ！』**は**『電撃G'sマガジン』**（KADOKAWAアスキー・メディアワークス）から生まれたアニメで、読者参加型の企画をいくつも打ち出しています。例えば「読者からの人気投票でセンターを決める」「ユニット名の投票も読者公募」など、読者自身が主役になれる企画で、ファンを拡大しています。

このように、つくし世代の若者は、**消費生活のなかで、単なるサービスの「お客さん」には留まらず自分にフィットするように、アレンジできる自由さを求めています。**これは、自分が主役である「個」の意識が明確にあることを意味しているのです。

それでいて**現代は「一人で生きていける」環境**にあります。

つながり願望

「個を持ちすぎるがゆえにつながりを欲する」若者世代の心理については後述しますが、共働き家族の増加、核家族の増加、集合住宅が増えたことによる地域交流の減少などによって、他人と関わる時間は減り、自分の部屋に一人でいる機会が多くなりました。ゲームで遊んだり、ＹｏｕＴｕｂｅを見ていたりすれば、一人でいても退屈せずにずっと「引きこもって」時間を潰せてしまうのです。

ゆえに今の若者は、**積極的につながろうと意識しなければ人とつながれない**。逆説的に言えば、だから「人とのつながり」を求め、その関係性を大切にするというわけです。

例えば、若者たちに流行している「**宅飲《たくの》み**」の浸透《しんとう》も、この「つながり願望」に由来するものではないでしょうか。居酒屋ではなく、友人の家に集まってみんなでワイワイお酒を飲む。そのほうが安く飲めるし、終電などを気にしなくてすむ、という彼らのコスパ意識に基づく合理的な理由もあるのですが、それ以上に仲間とのつながり感、近い距離での一体感を求める心理の表れでもあると私は考えています。

また、こうしたつながりの場を、非日常化、イベント化して、よりつながりを強く感じようと工夫するのが今の若者です。例えば、コスパ良く強いつながりを持てる交流の場として「**スーパー銭湯**」に行く若者が増えていたり、「**バーベキュー（BBQ）**」も改めてブームになっています。

「宅飲み」。友だちの家に集まれば安く飲めて楽しい

「みんなで共通のアイテムを身に付ける」のも、ちょっとしたブームです。例えば、みんなで**丸メガネ**を買い、同じ格好をして写真を撮るだけで「つながり」意識を実感できるイベントになるのです。

また「周囲から浮きたくない」からと**鉄板アイテム**を身につけるという現象が、特に男子に多く見られます。例えば、チノパンにデニムシャツ、ブーツは「ドクターマーチン」。デザインもシン

「丸メガネ」でつながりを実感する女子会

プルで周囲と「かぶる」ことも多いのですが、「浮かない」ためならそれでも構わないという割り切りがあるようです。そのかわり、時計や財布などの小物で「ひとひねり」をします。腕時計の「KNOT」は、文字盤とベルトの組み合わせを5000通りのなかから選べるブランドで、ファッション感度の高い若者から注目されています。過去、ベルトを選択できる時計はありましたが、文字盤まで選択できるのは新鮮です。またソニーの「FES Watch」は文字盤もベルトも電子ペーパー製。これにより好きなときにいつでも自由にデザインを変えられます。

周りから浮きたくない。けれどもみんなと全部一緒だとつまらない。少しだけ自分らしさを出したい。そんな意識から「**自分仕様**」が進化しているのです。

ケチ美学

つくし世代は合理的に物ごとを考えますが、それは**安くて良いモノが増えたことも影響**しています。そして「同じようなパフォーマンスだったら、**コスト**を下げた方がよくない？」と考えるようになった結果、「いかにお金を使わないか」「安く済ませるか」にこだわるようになりました。昔は時計一つとっても「ブランド物で高ければ高いほどいい」という暗黙の了解がありましたが、今の若者はフラットに本質を見据《す》えています。

しかし**それは単なるケチではありません。賢くケチることが彼らにとっては美学なのです**。「**ユザクロ**」も、「高級なブランド品よりもユニクロで買ってユザワヤで刺繍したほうが自分にとってのオリジナルなアイテムになり、安くて満足度が高い」というケチ美学から生まれたトレンドです。

また所有欲が弱まり、「買わずに借りる」という選択をする若者が増えました。例えば、成人式や卒業式、結婚式などには「高価な晴れ着」を「購入」し、着ていきたいと考えるのは昔の話。今は「たまにしか着ないのだから、レンタルで済ませよう」と考える若者は多いと思います。また、**「メルカリ」**などのフリーマーケットアプリも人気です。

ファッションから雑貨や本など、自分が一通り楽しんだらすぐに売る。所有しておくよりも、すぐに手放して、今欲しいものを新しく手に入れることを選ぶのです。

確かに若者は、抑えるべき支出は抑える傾向があります。しかし**自分にとって本当に必要でその価値に納得できる物には大きな出費も惜しみません。**例えば、彼らは、本格的なもの、こだわりのあるものを選ぼうとします。ただ、家具や服で最上級を目指すと果てしなく高額になることから、彼らは食事に目をつけました。それこそ、7500円かけて朝食を食べに行ったり、パンに数千円かけたり。インスタグラム上で食べ物自慢が多いのも、ちょっと背伸びをするだけで見栄えのいい最上級のものが手に入るからです。

特に、友だち同士のコミュニケーションを豊かにするための**費用（仕込み）**は、「投資」として意識されている感があります。例えば、ハロウィンなどのイベントで、コスプレのために1着2、3万円もする服を平気で奮発して買います（でも、「メルカリ」などですぐに売られてしまうのですが）。

そこでお金をかけなければ、仲間との「つながり感」も得られず盛り上がらないからです。今ではハロウィン市場は若者のチカラで、バレンタイン市場を上回り、1200

億円以上まで膨《ふく》れ上がりました。そんなふうに「お金」をちゃんと目的に応じて使い分けられる若者が目立ってきています。

ノットハングリー

「若者にハングリー精神がなくなった」と言われて久《ひさ》しいですが、**良くも悪くも、今の若者は「これが欲しい」という欲求がなく、ガツガツしていません。**

それは欲望を満たす選択肢が大量にあることに関係しています。例えば、「海外に行きたい」と思っても**グーグルアース**（**Google Earth**）で現地の画像を見れば行った気になり、欲望がある程度満たされてしまいます。

また**SNSを通じた出会いの機会が豊富になったことから、恋愛に対する飢餓感もありません。**今は誰が来るかわからない合コンよりも、SNS上で「友だちの友だち」をピンポイントで紹介してもらう若者が増えています。あるいはアニメ『**とらドラ！**』のような恋愛アニメを通じて疑似恋愛を楽しむこともできます。20歳のあるワカスタメンバーは「アニメの女の子は完璧。裏表がないからいい」「高校時代、実際の彼女と『とらドラ！』の主人公の女の子『大河（ドラマ）』と比べてしまっていた。大河ならこんなときこうするのに……と」と言っていました。また、**恋愛以外にもたくさん日常を楽しめる手段**が増えたことも大きな要因です（若者の恋愛観については第5章で触れたいと思います）。

このように、欲望を満たす手段がありすぎると、ハングリーと呼べるほどの飢餓感は育ちません。

せつな主義

つくし世代は右肩上がりの時代を経験していません。つまり「これから世の中はどんどん良くなっていく」という感覚を知らず、むしろ「この先どう世の中が変わっていくかわからない」「今を楽しまないと、将来楽しめるはずがない」という不安感があります。昔は、「将来のために今頑張ろう。そうすれば明るい未来が待っている」と、今を犠牲にできました。でも、今の若者にしてみたら、将来のために今を犠牲にするのはバカらしい。将来を保証されていないので、ほどよく今を楽しみたい。**不確かな未来よりも今の充実、そんなマインドが強くなっています。**

ただし、彼らはきっかけさえ与えれば、大きなパワーを発揮します。これについても後《のち》ほど説明したいと思います。

つくし世代は、このような五つの特徴をもっています。

その中でも**特に「自分ものさし」についてはつくし世代のポテンシャルを引き出すために十分に理解しておく必要があるので、この特徴を形成した教育環境からもう一度詳しく見ていきます。**

「自分ものさし」をつくり上げた「個性尊重教育」

つくし世代が育ってきた環境、一言でいうと、それは「**自分が主役になれる環境**」です。

1992年、「個性を生かす教育」を目指して**学習指導要領**が改訂されました。具体的には、「文武両道」のように理想の学生像を規定することをやめ、また生徒の評価は相対評価から絶対評価に変わりました。通信簿も「5段階評価の5の人はクラスの上位何%」などと定められず、一定基準を超えたら何人でも5をつけていいことになりました。そして、こうした教育の延長で、**2002年から「ゆとり教育」が始まりました。**

そもそも、ゆとり教育は、

「生徒自身が、自分で物ごとを考える力を持てるよう教育する」（総合的な学習の時間）
「決められた授業だけでなく、教師が意見を出し合い特徴のある教育をする」
「生徒に必要な学習範囲を狭くすることで自由な時間をつくり、その空いた時間は生徒個人に任せ、自主的な勉強を促す」

といった方針に基づき、生徒の自主性を伸張、競争よりも創意性と自律性《じりつせい》を強化することが目的でした。**簡単に言えば、ゆとり教育とはエリート教育のこと。自分の意見を持ち、それを表現できる子を増やそうとしたのです。**これにより、無目的に時流に流された生き方や、何の価値軸も持たない生き方は、前世代のものとして批判されることになりました。

そして彼らは、次のような教育制度の変化を経験しました。

- **学習内容の3割削減**（授業時間数の15％削減）
- **完全学校週5日制の実施**
- **「総合的な学習の時間」の新設**
- **「絶対評価」の徹底**

・「生きる力」の育成を目指す

昼休み中は、サッカー禁止。野球はゴムボール。しかもバットは禁止。生徒が怪我をしないようにと、過剰なまでの規則を設ける学校も出てきました。**まさに「いたれりつくせり」、過保護なまでの生徒に対するおもてなし精神による教育**です。

勉強量も少なくなり、手を抜いていてもいい成績が取れる。夏休みの宿題も1日で終わる量に。どう要領よくやるかが大切で、無駄なことはしたくない。頑張ることはしんどいこと。でも自分の好きなジャンルを学ぶのは大好き。そこにはとことん追求する。人に「やらされる」のは嫌いで、自分が学びたいと思ったことだけを学びたい。**彼らにとって勉強とは「しなくちゃ」よりも「したい」気持ちを優先するものに変化していきました。**

こうしたゆとり教育の成果としては、**社会貢献意識**が高まったことや、スポーツや音楽の世界で才能を開花させるスターが続出したことなどが挙げられそうです。しかし一方で、ゆとり教育の弊害も議論されるようになりました。例えば、学力の低下・知識の欠如、競争心の希薄化、やりたいことだけを選ぶ自己本位主義などです。もっとも、その賛否については、ここで議論するつもりはありません。**私自身の意見を申し上げるなら、「生徒の自主**

性を伸張、競争よりも創意性と自律性を強化する」というゆとり教育の方向性は間違っていないと思っています。教育機関の準備が整っておらず、その方針転換に追いつけていないことが問題であるだけで、進むべき方向性は正しいのではないか、ということです。

現在は、「脱ゆとり」の流れのなかで、授業時間は増加し、総合的な学習の時間が削減されています。こうして教える範囲はゆとり教育以前の状況に戻りましたが、「個人を伸ばす」というゆとり教育の「いいところ」は受け継いでいます。また入試制度は**「知識の暗記・再現」**に偏っていた内容から、**「思考力、判断力、表現力等を含む生きる力」**を問う入試へと舵を切っています。

いつでも「自分が主役」＝つくし世代

このように、つくし世代は幼いころから「いかに一人ひとりの良いところを伸《の》ばすか、個性を伸ばすか」ということに重きを置かれた教育を受けてきたのです。

これが若者のマインドに大きな影響を及ぼしました。例えば、世の中の常識や固定観念を気にすることなく、「自分は何がしたいのか」を考え続けることで、早いうちから自身の価値観を確立していきました。そのため彼らは、**これだけモノが溢れている世の中にあ**

っても、**自分が「これだ！」と思うモノをチョイスする目を持っている。**これが、「自分が主役である」という実感を強固なものにしています。情報についても同じことが言えます。インターネットが完全に普及し、それこそ人間が処理できる情報の何万倍とも言われる量の情報が私たちの周囲を飛び交っていますが、若者たちは苦もなく、そのなかから自分の価値観に合うもの、自分の得になるものを取捨選択しています。

価値観さえ確立していれば、「何をチョイスするか」で惑《まど》わされることはありません。だから、いつでも自分が主役。それがつくし世代です。

生き方も、若者が主体的に選べるようになりました。昔なら「これは知っておかなければならない」とか「好き嫌い無く全部覚えないと良い学校に進学できないし、良い企業に就職できない。幸せな家庭を築けないよ」などと、親世代から一つの生き方を押しつけられることが多々ありました。また若者も、それ以外の選択肢がないために、一つのレールから外れることが恐ろしくもあったのです。

しかし社会が**成熟**した今となっては、自分が好きなようにレールを乗り降りできるし、新しいレールを作ることもできる。「20代後半で結婚し、30代で子供が二人いて……」というかつての理想の家庭像も、いまでは数多ある選択肢の一つにすぎません。選ぼうと思えば、どのような生き方も選びとることができる。それも価値観が確立し、「何をしたいのか」はっきりしていればこそです。

そして付き合う人間も選べるという点も大きい。一期一会という言葉があるように、かつては「せっかく会ったんだから、一生の縁《えん》として大事にしたい」という考え方が根強くありました。しかし、今どきそんなことをしていたら、きりがありません。**何しろ、ＳＮＳを通じて日本どころか世界中の人とつながることができるのです。いちいち義理人情を大切にしていたら、いくら時間があっても付き合いきれません。**そのため若者は「この人は1回会ってみたけれど、どうでもいい人」「この人は大事な人」と、「付き合う人を選別する」傾向が強まっています。

発信力がアップしていることも、「自分が主役」であるという意識を高める方向に働いています。マスコミが発信した情報を　受け身でキャッチするのみだった時代は、今は昔。当時は情報を発信しようと思えば、それこそニュースキャスターやタレントなど、特権的なポジションを獲得する必要がありました。しかし今やごく普通の一般人が、ＳＮＳ・ブログを通じて自分の意見を発信できる。**その発信力次第では、一夜にして有名人になることも可能**になっています。

「自分が主役」の若者のポテンシャル

彼らの「好きなことへの貪欲《どんよく》さ」は、「世の中がこうなっているから」ではなく、「自分がこう思うから動く」という態度に強く表れています。

好きなことをしていたい、自分に正直でありたい。どうせ仕事するなら自分が好きな仕事をした方がいい。そうしないと時間がもったいない。そんな考え方が根底にあります。

また、自分がいいと思ったものには邁進する一方で、それ以外はスルー。取捨選択がハッキリしている点も、つくし世代の特徴です。

私はそれを「良いこと」だと評価しています。好きなことに貪欲であることは、自分ものさしを持っている証《あかし》でもあります。個性尊重教育のもと伸び伸びと育ったこと、社会が成熟し、自分の好きな生き方を選べる環境があること、ネット環境が充実したことで、自分で収集できる情報が非常に増えたこと、そのなかで情報を取捨選択できる目を持っていること、仲間を見つけやすいことなど、さまざまな要因が絡《から》み合い、若くして価値観を確立しています。

結果、例えば趣味を深掘りするようになりました。若者に趣味を尋ねると昔は「読書」「映画鑑賞」「音楽鑑賞」とざっくりとした内容しか返ってこなかったのですが、今の若者は「あの人の音楽のこういう部分が好きで」「あの映画監督の○○が」などと、答えが具体的で、強いこだわりが感じられます。

EXILEのリーダーHIROが、今の若者についてこんな発言をしていました。

「僕の周り（の若者）は、好きなことに対して実直な、まっすぐなイメージ」

「三代目（J Soul Brothers from EXILE TRIBE）もGENERATIONS（from EXILE TRIBE）もしっかりしている。ライバルも多いので、**ぶれない子が多い**。夢を持っている子が輝いていく時代なのかな」（『日テレNEWS24』2015年12月13日）

夢に向かって、ぶれない子。私が思うつくし世代の姿と重なります。自分が主役になってどれだけ輝けるか。彼らの好きなことに対してのパワーは、とてつもなく大きな可能性を秘めていると感じています。

既存の上の世代と比較してみると、つくし世代の特徴が、さらに浮き彫りになっていきます。大きな違いは、次の三つです。

①「他力本願」→「自力本願」

②「慣習盲信」→「変化受容」
③「失敗も経験」→「失敗が命取り」

①「他力本願」から「自力本願」へ

まずは、①から見ていきましょう。上の世代は「他力本願」であるのに対して、つくし世代は「自力本願」であると私は分析しています。

上の世代は「自分でなんとかしなきゃ」と物ごとの責任を背負いこむ感じがあまりなかったように思います。彼らは世の中が右肩上がりに成長していく時代に生まれ育ちました。そのため「30代よりは40代の方が良い生活をしているだろう、普通に結婚して子どもが生まれて、良い家に住んでいるだろう」と楽観していられました。

言い換えるなら、かつての若者は、その時代に生まれたというだけでエスカレーター式に苦労なく幸せになれる可能性が高かった、ということです。「もっと上にいきたい」と願いながら自らは動かず、「社会がなんとかしてくれる、会社が成長すれば自分の生活も良くなる」と信じていました。

対照的に現代に生きる若者は、自分の手で何とかしないと物ごとは良い方向に変わって

いかないと知っています。バブル崩壊以降延々と続くデフレ不況時代を生きてきたため、放っておけば悪い方向に向かうだけだと悟ってもいるのです。世代間格差が広がっている年金の問題も含めて、国や社会をあてにしていたらバカを見る、一寸先は闇《やみ》。そんな心境だと言えるでしょう。ワカスタメンバーのなかにも「父親がFX（外国為替証拠金取引）で損をし、銀行の預貯金2000万円をすべて投資して失った」という学生がいました。

私はここに、今の若者が「**二極化**」に向かう分岐点があるように思います。若者の意識は次の二つに分化しようとしています。一つは「**自分を成長させるために、新しいものや人と積極的に出会いたい**」。もう一方は、「**新しいものや人との出会いよりも、今の生活を変えたくない**」。ADKで実施したWEB調査（図4参照）によると、前者のマインドをもつ若者が過半数であり、変化を求めない若者は少数派であるとわかっていますが、両者のギャップは日に日に広がっていると私は実感しています。でも、**変化を求めて成長したい若者がこんなに多いのは非常に明るいニュース**ではないでしょうか。

まず「このまま変化を求めず、今の生活を変えたくない」と考える人達がいるのはなぜでしょうか。

上を目指そうと思ったら、エスカレーターではなく階段を自力で登らなければならない時代です。かといって二段跳びでバンバン上がったりすれば、すぐに息切れするでしょうし、後で振り返って「あんなに無理して、何が楽しかったのかな」などと、虚しい気持ちになるかもしれません。それなら**等身大**でいい。地に足着けて、今をほど良く生きていたい。無理はしないで楽しんでいきたい。つくし世代の一つの極は、そんな意識のなかにいるのです。

図4　若者でも新しいものにチャレンジする人は意外と多い

Q. あなたの意識に近いものは A と B どちらですか？
A：自分を成長させるために、新しいものや人と積極的に出会いたい
B：新しいものや人との出会いよりも、今の生活を変えたくない

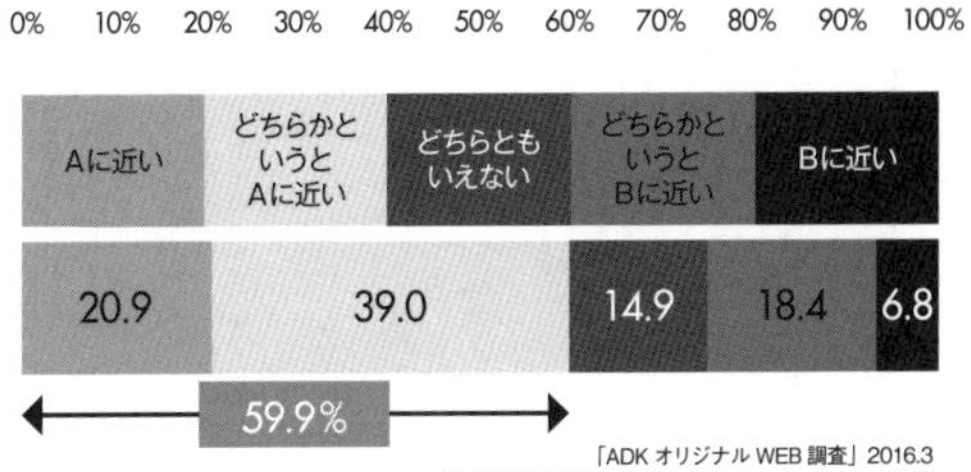

「ADK オリジナル WEB 調査」2016.3
全国 18-29 歳男女 824 名（男性 412 名、女性 412 名）

Aの質問を「変化成長」、Bを「現状維持」と簡略化するならば、過半数を超える若者が前向きに自分自身の成長を希望している。

実際、彼らに「仕事とは、どういうもの？」と尋ねると、「やりがいとかはどうでもいい、早く家に帰りたい、そこそこの給料でいい」と答えます。公務員を目指す若者や上京せずに地方に残る若者も多いようです。地方の若者に聞けば、「東京は刺激的で魅力的だけど、背伸びして東京に出ていくより、地方でほどほどの暮らしをしたほうが、リスクもなく、

幸せだ」という考え方をしている。「ほど良く生きたい」という言葉がぴったりです。

彼らは、上の世代がしばしば批判する「積極性に欠ける、受け身の若者」なのでしょうか？　そうではない、と私は思います。彼らもまた個が確立しており、自分の好きなことには貪欲に、正直に生きているという点で、「自分が主役」であるつくし世代の特徴をしっかり備えています。今の自分を大事にしながら、今のベストを生きている。安定した生活の中に、自分のこだわりを突き詰めたいというスタンスなのです。

では、もう一方の「変化を求めながら、自分を成長させて新しいものや人と出会いたい」層はどうでしょうか。

彼らもまた、**放っておけば社会は悪い方向に向かうだけ**だと考えているのですが、「ほど良く生きたい若者」と違うのは、「**だから自分たちがなんとかしないといけない**」という意識が強いことです。自分が成長して豊かな生活を手に入れたい、自分が成長して住み良い社会に変えていきたい。ワカスタのメンバーにも、多く見られる考え方です。

そこには、「今の社会は昔の価値観をもとに作られたものであり、自分たちにフィットしていない」という感覚もあるようです。幸せになるには、それを自分たちの価値観で変えていかなければいけない。だから成長したい、成長できる環境に身を置きたいという、強い自己成長欲が彼らを突き動かしています。

こうして彼らはワカスタに参加したり、**インターン**を頑張ってみたり、付き合う友も自分が成長できるかどうかで選びたいと考えるようになります。

バイト選び一つとっても、自己成長できる環境を求める傾向が強くなっているのを感じます。激安居酒屋やファストフード店のアルバイトをしたいという学生が減る一方で、**スターバックス**（彼らが言うところの「スタバ」）は、競争倍率10〜50倍とも言われており依然として人気があります。これも「そこに成長する機会があるから」という理由が大きいようです。スタバには「コーヒーに詳しくないと接客させない」という教育方針があり、学生も社員も関係なく100時間近い研修を受け、コーヒーに対する知識とスキルを向上させています。学生たちはこうしたスタバの姿勢に共感しています。スタバなら頑張れる、スキルアップにつながる、と。スタバには若者が自己成長できる環境が整っているのです。

いまだ**大手企業が就職ランキングの上位**を占めていますが、大手企業に就職したいというその理由が、地方と都心では大きく異なるのです。地方の若者は「**安定した生活**を送りたい。あわよくば定年まで勤め上げたい」「仕事は仕事、プライベートはプライベートで割り切りたい」という思いから。一方、都心の若者は、もちろん安心を求める声も少なくないのですが、**「社名を使って次の転職を有利に進めたい」「恵まれた職場環境で社会経験を積みたい」という若者も多く、「定年まで勤め上げる」覚悟で就職するのは、むしろ少なくなっているのではないでしょうか。**

②「慣習盲信」から「変化受容」へ

上の世代と若者世代の違い、その二つめは慣習盲信と変化受容です。

過去の慣習を盲目的に信じている大人と、合理主義を身につけ、「本当にこれは大事なの？　もっと正しい答えが他にあるのでは？」と変化を受け入れられる若者。そんな違いがあるように思います。

今の若者は、変化に対して非常にポジティブです。かつての日本人には、「ルール、伝統は守らなきゃいけない」と、守ることの美学があったように思います。ですが変化のなかで生まれ育ったつくし世代は、「昨日当たり前だったことが今日違う」ことも、ポジティブに受け入れることができる。変化を許容するキャパシティが、上の世代とは大きく違います。

端的に言えば、つくし世代の若者は変化を拒否しません。それよりも、変化を受け止めながら、その変化に自分がどう対応するかのほうがずっと大切だと考えている、だから柔軟で器用でいられる。これも「自分が確立しているから」に他なりません。

つまり、自分があるから、変われるのです。この点は面白いところです。上の世代はおそらく「自分がないから変われなかった」のだと思います。昨日の当たり前が今の当たり前でなくなると、それまで信じてきた自分が否定されるようで怖くなる。だから昔のものにしがみつきたいという心情がありました。

しかし今は、外部環境は変わって当然。会社に幸せにしてもらおうとも若者は思っていません。自分だけを信じているため、変化があっても「変わったね、だったら自分のこの部分をこう使えばいいんだ」としなやかに対応できます。「自分はこうなんだ」という軸が定まっているがゆえに崩れません。

これは若者たちのキャラの使い分けのうまさとにも通じるかもしれません。「ここでは、こういう自分を取り出そう、あそこでは、この部分を切り出そう」とキャラを使い分けながらも、中心に確たる自分がいるために、多くのキャラのなかで自分を見失うことはありません。

加速する技術の進歩がまた、その変化に対するポジティブさを育んでいます。デジタルの進化は情報やコミュニケーションの生態系を作り替えましたが、若者はその変化に器用に対応しています。ＳＮＳ、動画共有サイトなどはもっともっと進化していくと思いますが、若者たちはそれを難なく使いこなすことでしょう。**新しいアプリが生まれるたびに、新しい使い方、新しいライフスタイルを作り出していくはずです。**

ここで勘違いされがちなのですが、若者たちは**「新《あたら》しもの好きだから」変化を好むというわけではないという点は指摘しておきたい**と思います。

むしろ今は、新《あたら》しもの好きの若者は減っているといっていい。広告マーケティングに携わる人間は、その変化を肌で感じています。例えば、かつてコンビニは大量の新商品が並んでいました。若者はいつも新しものを求めており、そしてコンビニは彼らが新しい商品を探す場所になっていたからです。

しかし、今コンビニはプライベートブランドなどの**定番商品**が多くなっていますし、若者もそれを好意的に受けとめています。理由は「冒険したくない」から。「新しいものを買って失敗したら嫌だ、まずかったら嫌だ」と、リスクの方を懸念しているのです。極めて合理的です。

世の中の慣習は「自分ものさし」のフィルターを通してから取り入れる

変化を受け入れられるほど、個人の価値観が確立している若者たちは、自分以外の誰かが作った慣習を無批判に信じることはありません。われわれマーケッターにとっても、彼らは手強い相手です。手の込んだ広告・プロモーションを仕掛けても、それはマスコミが作り出したトレンドではないかと見抜かれてしまうからです。これでは、企業側だけでトレンドを作り出そうとしても無理。今は広告づくりも、どれだけ生活者を味方につけ、一緒にトレンドを作っていくか、というふうに考え方が変わってきています。

ネット検索においても、若者たちは企業発の情報より自分にとって「等身大」を感じさせる情報を信頼する傾向が強くなっています。

リデル（ＬＩＤＤＥＬ）株式会社が18歳〜22歳の日本人男女・合計１００名を対象にアンケート（２０１６年2月9日発表）をとったところ、若者が最近検索によく使うのは、1位が「**グーグル**（**Google**）」（33％）、2位「**ツイッター**（**Twitter**）」（31％）、3位「**インスタグラム**（**Instagram**）」（24％）、4位が「**ヤフー**（**Yahoo!**）」（12％）という結果に。ツイッターなどのＳＮＳは仲間とのコミュニケーションだけでなく、有益な情報を得る手段にもなっているのです。これは、自分の仲間からの情報なら信頼できるという表れです。

「等身大の情報を信用する傾向」については、グルメガイドの変遷にも顕著に見ることができます。飲食店側が提供する情報を集めて提供する「**ぐるなび**」から、ユーザーの口コミをメインとする「**食べログ**」へ。そして信頼できる投稿者のフォロワーとなってオススメの店を探す「**レッティ（RETTY）**」へと若者が支持するグルメガイドは移ってきました。そこからは、自分に身近な情報であるほど信頼できる、という心情が読み取れます。

つくし世代の若者は、あくまで自分が主役。しかし、だからといって過去の伝統や慣習を全否定するわけではありません。自分にとって必要だと思ったら古くさい慣習でも取り入れることを厭《いと》いといいません。例えば、**年賀状**です。年に一度お世話になった人に年賀状を送らないといけないもの、という慣習に疑問を感じていた若者が、2016年の**嵐**のCMを見て、年賀状を出したくなったという若者の声を多く聞きました。このCMの内容は、これまでの「年賀状を送りましょう」という文脈ではなく、送られた人の気持ちを伝えるものでした。嵐の5人メンバーが、「突然ですが、年賀状ください！」という宣言で始め、桜井翔君が「そんなに欲しいの？」と尋ねると、松本潤君が「だってもらうと嬉しいでしょ」と答える。

年賀状をもらえると嬉しいという純粋な気持ちをストレートに伝えたＣＭに若者は共感しました。年賀状は出さなきゃいけないものではなくて、出せば友だちが喜んでくれるもの、という年賀状の新たな価値を彼らは発見したのです。

「この伝統いいな」と思えば、乗っかることも珍しくないですが、ただ乗っかるのではなく自分に得になるよう「**アレンジ**」していくところにも若者の特徴があります。やはり自分が主役、マネではなく自分らしさをアピールするのです。

例えば、前述した**ハロウィン**です。アメリカ発の文化ですが、若者のアレンジでコスプレなどと組み合わせることで、日本にも浸透しました。

「キットカット」（ネスレ日本）が、「きっと勝つ」の語呂《ごろ》合わせで受験生の縁起担《かつ》ぎになったのも、もとは若者が発信したものであって、企業が発信したものではありません（元は九州弁の「きっと勝つとぅ」が発祥。２００３年から同社キャンペーンが開始）。それが良かったのです。もし企業が発信していたら「そんなの誰が決めたの？」と若者に反発され、共感の連鎖は生じなかったことでしょう。若者が自ら発見したからこそ広く拡散していきました。

また、**東京ディズニーランド**が「キャンパスデーパスポート」というキャンペーンで制服を着た高校生たちが友だちとディズニーランドを楽しむ姿を表現したところ、高校生のみならず大学生の心までつかみました。「私たちもみんな、高校時代の制服で一緒にディズニーランドへ行ったら楽しいかもね」。そこから、制服を着てディズニーランドに行く**制服ディズニー**という楽しみ方が生まれました。

既存の文化や商品・サービスを、何も考えずに受け入れるのではなく、自分ものさしのフィルターを一度通してから、それを受け入れるか考える。時にはアレンジをしながら。そんなふうに、若者たちは合理的に生活しています。若者たちをターゲットにビジネスをする企業は、理解しておくべき点だと思います。

無駄なことはいっさいしない、精神論も通用しない

物ごとの「良い・悪い」を判断するスピードも、合理性を重んじる若者の特徴です。人も情報も、選別するのが実に早い。正確にいうと、一つひとつの判断に時間をかけていられないという事情が彼らにはあります。日々接する情報は膨大、SNS上でのやりとりは頻繁で、関わるコミュニティも多い。彼らが抱えている「やらなければいけないこと」の量は、上の世代の比ではありません。

若者がよく使う言葉に「**誰トク**」があります。自分にとって価値のない話、「誰の得に

なるのかわからない話」には、まったく聞く耳をもちません。必要な情報があればいつでも必要なだけ収集できると思っている彼らにとって、無駄とわかっている話を聞くのは「時間がもったいない」というわけです。

２０１５年、「**寿司職人が何年も修業するのはバカ**」という発言が話題になりました。発言主はホリエモンこと実業家の**堀江貴文**さん。動画を見れば技術を学べるんだから、わざわざ弟子入りして「技を盗む」ために何年もかける必要などない。何でも自分主体で調べればいいじゃないか。そんな趣旨の発言でした。

確かに昔は、職人に弟子入りする必然があったかもしれませんが、それはスキルを持った達人の技術を学ぼうと思ったら、その人から直接学ぶことしか選択肢がなかったからです。ところが今はネット上の動画サイトなどを通じて、誰でも視聴できる。そう考えれば、現在「修業」と称して行われている皿洗いや掃除で苦労することもなくなるのかもしれないと期待できます。

そんな地道な修業のすべてが無駄であるとは、私は思いません。時間をかけなければ身につかない技術や知識、精神的な成熟も、当然あるでしょう。ですが、コスパ意識が高い若者たちは、「デジタル化が進めば、古くからの慣習もいらなくなる」という話に共感しているのです。

また彼らはこうも考えています。自分がこうしたいと思っていても、師匠がいると師匠のやり方を踏襲することしかできない。伝統を守ることが大切だとしても、時代の変化に応じてイノベーションを生み出していくには、地道な修業が足かせになります。自分の力で社会を変えていきたいと考えるつくし世代には、それが歯がゆいのです。

「やる気がないなら帰れと上司にいわれ、本当に帰る社員はダメなのか？」という投稿もネット上で拡散しました。この上司は「帰りません」という返事を部下に期待しています。「帰れ」「帰りません」という問答を繰り返して最後に「次はないぞ」といって許すのが、一昔前の上司と部下の関係性でした。「最近の若者は本当に帰ろうとする人がいるので、日本の将来を憂えてしまう」と投稿主は書いています。

合理性を重んじるつくし世代は、そこに疑問を呈《てい》します。そんな茶番をなぜ要求するのか、そこにどんな意味があるのかと反発する。記事は「はてな匿名《とくめい》ダイアリー」に投稿されたものですが、3日間で500近いはてなブックマークがつきました。コメントの一部では、「そういう七面倒くさい茶番をいちいち要求されるからやる気をなくすんだろうよ」「古い人は馬鹿にされた反発でなにくそと奮起することを期待するんだってね。頭悪すぎるんで全滅してほしいね」と、これでもかと言わんばかりの罵詈雑言が続きました。

後に詳しく述べますが、つくし世代のポテンシャルを引き出すには、こうした**精神論**は不適切です。上司が部下を叱るならば、なぜ自分は怒っているのか、何をどう変えて欲しいのか、ストレートに伝える必要があります。というのも、彼らはネット検索によって「欲しい答えはすぐに手に入る」ことに慣れた検索世代でもあり、行間を読むということをしません。

そういった若者の志向を反映してのことでしょう、人気ミュージシャンが書く歌詞からも「**行間**《ぎょうかん》」が消えています。私の見るところ、**加藤ミリヤ**さんの登場が、一つのターニングポイントでした。

一昔前は、歌詞といえば詩（ポエム）であり、日常会話とは異なる行間のある言い回しに魅力がありました。何を言っているのかつかみにくい曖昧な歌詞から、書き手の意図を推測するところに「味」が生まれていたのです。ところが最近の歌詞は「日常的な言葉で事実を述べているだけ」で読むべき行間がありません。推測することは時間の無駄、答えはすぐにほしい。そんな若者を相手にするときは、たとえ曲の歌詞でもストレートな物言いが有効だということです。**西野カナ**さんや**ｍｉｗａ**さんなども、ストレートな歌詞で若者の共感を獲得しています。

今の若者が上の世代を敬わない理由も、「無駄なことは一切したくない」という気持ちに紐《ひも》づいているのではと私は考えています。

若者が「年功序列」を嫌う理由

また「過去の経験が、今の時代に必要とされていない」ケースが多いことも指摘しておきたいと思います。

今の時代、世の中の枠組みがものすごいスピードで変わっていきます。そのため過去の経験が生かせない、むしろ新しい価値観をもとに行動しないと非効率になる、そんなケースが増えているのです。

例えば、こんなケースをイメージするといいと思います。「運転歴が長くて、スムーズに車庫入れできる」のは素晴らしいスキルですが、やがて車のロボット化が進み自動駐車が一般的になれば、そのスキルは何の意味もなくなります。

そんな時代にあって、上の世代の価値観は、若者にとって多くが非合理に映ります。かつて合理的だったものも、今では非合理的なものに変わってしまっています。

だからこそ、彼らは**年功序列**に意味を感じていません。過去の経験は今の時代に必要ないものが増えているからです。また、今の時代に必要な経験だったとしても、経験がネットで「容易に」手に入ります。昔は、長く生きたことが**経験値**になり、それが人の知識やスキルの差に直結していました。経験を積めば、その都度《つど》何をすべきか、どう判断するべきか、わかるようになるということです。しかし、今の時代は、必要な経験であれば、リアルの経験をしなくとも、ネットから情報を入手、擬似的に経験を積むことができます。そのため**「長く生きてきた」ことの価値**が薄れ、若者は年長者の経験に価値を感じなくなっているのです。

変化に対応できる若者たちには、環境の変化に合わせて自分も変わっていくのは当然だという合理的な判断があります。しかしそれは、価値観を変えているわけではない。むしろ、価値観を変えずにいるための対処法のみが変わっているのではないでしょうか。また変化する外部環境に合わせないと、自分の根本も揺らいでしまう。ちょっとした器用な変化を続けることで、軸のところはぶらさずにいられる。そんな感覚ではないかと思います。

デジタルの進化や人との出会いなど、多くの要素が絡み合いながら、世の中はどんどん複雑に変化しています。しかし変化に対してポジティブな若者たちは、**複雑性**に対する準備ができています。彼らは、自分を成長させることでその変化に対応していきたい、また対応できると思っているのです。

③「失敗も経験」から「失敗が命取り」へ

上の世代と若者世代の違い、その三つめは、失敗に対する意識の違いです。

上の世代が「失敗も経験のうち」と考えるのに対し、若者世代はリスクを恐れ、失敗を回避しようとします。「最近の若者は失敗を恐れる」とは、若者批判の常套句ですが、その傾向は確かにあると私は思っています。

つくし世代の若者は、リスクをとることを本当に怖《おそ》れています。理由はさまざま考えられます。彼らが受けた個性尊重教育もその一つでしょう。幼い頃から、自分を否定されたり怒られたりする経験をしていません。その反動で自分を守りたいという意識が働き、過度に失敗を避けるようになっています。

ですが、より大きな理由として、「昔は失敗してもダメージが少なくて済んだが、今は小さな失敗が命取りになる」という時代の変化が影響しているように思います。具体的にいえば、**SNSの普及がリスクを回避したいという若者の心情を生み出した**と私は見ます。

例えば、ちょっとした醜態が、友だち同士のSNSのやりとりで広がっていくことがあります。酔いつぶれた翌日には友だちの多くに写真がシェアされ、コミュニティ内での自分のキャラが決定してしまう、といったケースです。

彼らはまた「SNS上の振る舞い次第で人生が終わる」場合もあると知っています。ツイッターを通じて反社会的行為を拡散してしまう「**バカッター**」はその典型例です。以前、コンビニのアイスケース内で寝転がる写真をアルバイトの高校生がツイッター上に投稿したところ、大炎上。高校生は解雇され、店は休業に追い込まれました。現在もたびたびバカッターが報告され、逮捕者が出ることもあります。

昔だって、そういうバカなことをする若者がいました。「失敗を通じて成長する、むしろ器が大きくなる」という説が間違いだとは私も思いません。しかし今と昔とで大きく異なるのは、失敗がもたらす社会的ダメージです。昔なら「みんな馬鹿なことをやって大人になるんだ、それも人生の経験だよ」と許されましたし、そもそもSNSで拡散されることもなく、したがって警察沙汰にもなりませんでした。

しかし今は、そんな悠長なことを言っていられない。バカッターは「**人生を一瞬で終わ**

らせる力」を持っています。「失敗も経験のうち」という言葉を聞けば、若者は「それはＳＮＳがなかった時代のことでしょ」と反論したくなるはずです。

このように若者たちは、「自分が主役」になる環境で育ちながら、社会やデジタルツールの進化により、上の世代とは異なる価値観を持つようになりました。

次の第2章では、そんな彼らがどのように他者と関わっているのかに触れていきます。そこには彼らなりの繊細で器用なテクニックが見てとれます。

若者がつくし、つくる
居場所①

僕は「鬼に金棒」の「金棒」役として役に立ちたいんです

Jリーガーへの挫折が彼本来の「つくす」能力を開花させ、真の「居場所」をつかんだ若者

青山学院大学経営学部3年
小西智貴さん

ヴィッセル神戸ユースから大学生に転身。「お世話になった人に対し恩返しをできるような人間になりたい」という小西君は2016年「ワカスタ」代表である。

若者にとっての「居場所」。それは、自らが仲間に「つくし」、喜びを生み出すことで承認され、さらに仲間とともに喜びを「つくる」ことができるようになる。サッカーの道を断念し、「マネージャー」の道で居場所を得た若者のお話を紹介する。

◇　◇　◇　◇

日本一の選手からの挫折

7年前の2009年12月29日、国立競技場のピッチにゲームメーカーのMFとして小西君は立っていた。高円宮杯第21回全日本ユース選手権大会決勝。小西君の所属するヴィッセル神戸ジュニアユースは、コンサドーレ札幌U-15と対戦。後半ともに1点ずつを入れ同点で迎えた後半29分、右からのセンタリングに小西君はGKとDFと衝突しながらゴール右に蹴り込んだ。これが決勝点となり、ヴィッセル神戸ジュニアユースは全国制覇を果たした。

その後、小西君は、ナショナルトレセンメンバーに選ばれ、将来のJリーガー、日本代表を有望視されていた。しかし、高校2年を境に「結果」を出せなくなった。その理由を彼はこう述べた。

「自分のためにプレーし始めたからです。周りが見えておらず、ただ自分の活躍することだけしか考えていなかったんです」

大きな挫折だった。しかし、この挫折が「気づき」となった。レギュラーを外されてから小西君は自分と向き合いチームに何ができるかを考えた。小西君は語る。

「僕はもともと試合に出ていない時も、みんなが喜ぶようなことを先回りして考え、行動してきました。ゲームに出ていなくてもチームのために率先して動き、仲間のためにつくして生きるようにしたんです。そ

2013年第21回Jリーグユース選手権大会決勝のピッチに小西君はいなかった。埼玉スタジアムのスタンドから仲間を応援する小西君（手前右）

うすると、自然に上手くいきだしたんです」

選手でありながらマネージャーも兼務。小西君は、自分の「居場所」を「縁の下」で仲間を支える役でつかんだのである。

小西君はヴィッセル神戸の「寮キャプテン」に選ばれ、Jリーガーも生活する寮で、日常生活のマネジメントをすることになったのである。チームはこの年、第21回Jリーグユース選手権大会で優勝を果たした。

「仲間が活躍し、輝く姿に打たれ、彼らと同じ環境にいたことをとても誇りに思ったんです」

高校3年間を寮生活で過ごし、新たに大学進学を目指し、小西君は〝寮キャプテン〟として「退寮」することとなった。その際、寮母さんから「ありがとう」と感謝の言葉をいただいた。

さらに、プロ選手となった先輩からは「サッカーの夢は俺に任せろ。お前はやりたいことを見つけて頑張れ」と励まされた。

「嬉しかったです。縁の下の力持ちとしての役割が果たせたと思いました」

誰かの幸せのためにつくしたい

小西君は大学は経営学部マーケティング学科を希望し、進学。「相手（消費者）の立場で考える」ということが、マーケティングだと考えたからである。

上京した大学生活でも夢を追う仲間たちの悩みや葛藤の相談相手を買って出た。なかにはプロデビューを果たした歌手や神戸コレクションに出演し活躍するモデルもいた。彼らから感謝の声を聞けたとき、自分も幸せであることに気づいた。

「誰かのためにつくし、人の痛みや喜びを自分のことのように思いやることで、人とのつながりは深くなると思います」

元ゲームメーカーだった小西君は、ピッチを離れてからも誰かに「つくす」ことで幸せを「ゲームメーク」する。彼は語る。

「『鬼に金棒』という言葉を使うなら、僕は誰かの幸せのための『金棒』役として役に立ちたいと思うんです。それが僕にとっても幸せだからです」

第2章

コミュニケーションは「広く、深く、軽く」

つくし世代は、他人とどう関わるのか

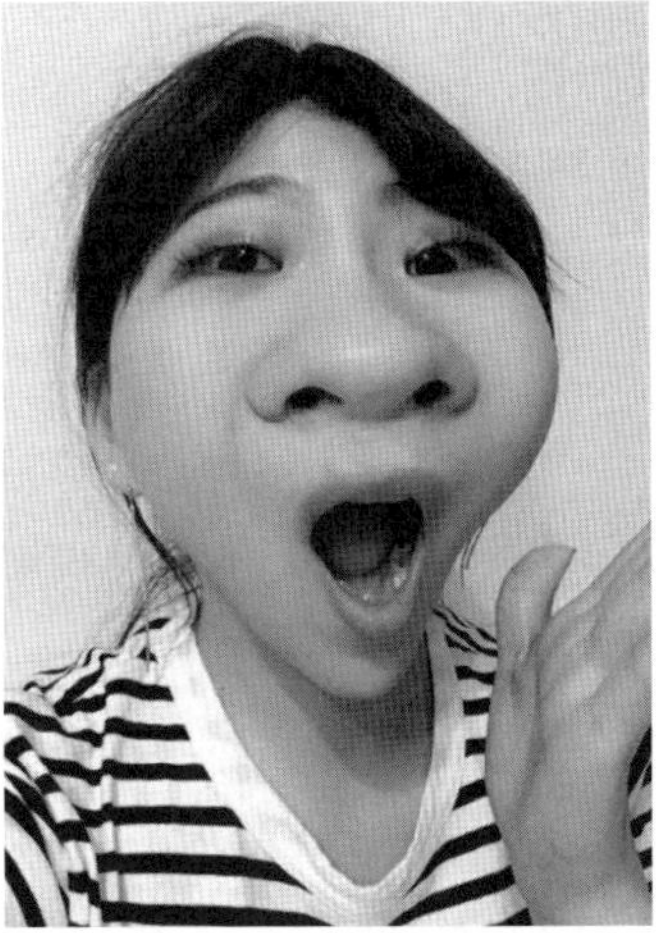

変顔《へんがお》
親しい関係になればこそ見せ合える表情。

入学前から友だちづくり

上の世代と価値観が大きく変わっているつくし世代の若者は、他人とつながるために「新たな処世術」を作り出しています。

本章では、彼らの他人との関わり方を見ていきましょう。キーワードは「**広く、深く、軽く**」です。ＳＮＳの普及により、出会いのチャンスを自分で持とうと思えばいくらでも持てる環境が整いました。デジタルネイティブであるつくし世代は、これを十二分に活用し、コミュニケーションにおいて革命的とも言える変化を生み出しています。

「**広く**」とは、**出会う人や仕事、生き方などについて、可能な限り選択肢を広げたいという願望**を指しています。

若者たちは自分の価値観を確立していて、それは何者にも譲《ゆず》れるものではありません。だからこそ、自分の価値観に合うものを探そうとしている。「今よりほかに、もっと選択肢があるんじゃないか」と模索しているのです（一方では、第1章で触れたように「今のままの自分でいい」と安定を求める若者もいます）。彼らのなかでは、出会いの網を広く張ることが、そのまま自分の可能性を広げることと、イコールでつながっています。

例を挙げましょう。昨今、大学生の友だち探しは入学前から始まっています。ツイッター上に「慶應大学新入生２０１６」というアカウントがあります。幹事役もフォロワーも当然、来春慶應義塾大学に入学する学生たちです。なぜ、こんなことをするか。これから同期になる学生たちと入学前からコミュニケーションを取るためです。そこには「入学後、自分がハブられないように（仲間外れにされないように）」というリスク回避の意図もありますが、第一には、友だちとより広くつながろうという狙いがあります。

入学後、クラスが固まってしまえば、そこで知り合う友だちは多くても数十人です。サークルにも入らない学生は、その数十人と「だけ」大学生活を共に過ごすことになるかもしれません。そこで彼らが心配するのは「そのなかに自分と価値観の合う人がいるだろうか？」ということ。当然、「いないかもしれない」という推測が働きます。

そこで、もっと広範囲に網を投げ、価値観の合う人と出会うチャンスを増やそうとする。入学する学部学科は違うかもしれませんが、とにかく同じ大学に入学する人とつながり、ＬＩＮＥもして、実際に会ってみようとする。そんな意識があるようです。

ちなみに技術的には何も難しいことはありません。まず誰かが幹事役となり、新入生を集めるためのツイッターアカウント「慶應大学新入生２０１６」を立ち上げます。ここに新入生たちが**フォロー**して集まり、交流が生まれるのです。

では、どうやって見ず知らずの新入生たちをツイッター上で集めるのか。「慶應大学新入」などをキーワードにして検索し、ヒットしたアカウントをフォローしまくる。最近の新入生はプロフィール欄に「○○大学入学予定」と書いているケースが多いのです。あるいは「慶應大学新入」などとハッシュタグをつけて、学生の検索にひっかかるようにする。そして**フォロー・フォロワーの関係**になってからLINEのバーコードを送りグループを作るという段取り。ツイッター上では直接のやりとりをせず、LINEを使うのがほとんどのようです。フォロワーにしてみれば、幹事役を名乗る顔の見えない学生に個人情報を託《たく》すことになります。万が一**「2ちゃんねる」**にでも個人情報を晒されたら困ったことが起きそうですが、デジタルネイティブである彼らはそれを抵抗なくやってしまいます。また、彼らはツイッターのプロフィールには自分の趣味などを書くようにしています。共通の趣味を持つ人のほうが友だちになれる確率が高まりますもんね。ワカスタメンバーの男の子も、プロフィールに「春から慶應、高校バド部」と書いていたら、バドミントンサークルを検討している何人もの学生から連絡が来たそうです。

インターンシップを複数経験するのも、最近の若者の傾向です。インターンをする若者は基本的に「自分の手で社会を変えたい、そのために成長したい」という動機を持っています。こういう人たちは、どこにいい出会いが隠れているかわからないからと、いくつものインターンを経験します。そうしてインターン仲間をどんどん増やし、自分の可能性を広げていくのです。

またフェイスブック上でつながっている人との「**共通の友人**」をチェックするのも、つくし世代らしい行動習慣です。それまで一面識もない相手であっても、「そこでつながっていたのか！」という驚きがあると、まるで昔からの古い友人のように価値ある関係性に思えてくるというのです。

ストレスを最少化しながら「深く」人と関わりたい

次のキーワードは「**深く**」です。広さと深さ、相反するように見える処世術を上手に使い分けているのが、今の若者たちです。

現在、「**スナップチャット**（Ｓｎａｐｃｈａｔ）」というスマホアプリがアメリカで爆発的な人気を博しています。日本でも学生のあいだで盛り上がりを見せ、徐々《じょじょ》に浸透しているようです。その機能は、簡単に言えば、「面白い写真や動画を撮影して瞬時に投稿、送信

仲間との絆を深めるアプリ「スナップチャット」

できるが、受信した相手がそれらを閲覧するや**瞬時に**（数秒で）**消失**されてしまう」というものです。キモは、受信者にそれらの画像を**保存できない、されない**ことにあるのです（スクリーンショットで画面を保存することも可能ですが、その場合相手にスクショしましたと通知が行くので、保存して欲しくない投稿のときは、スクショしないのが暗黙のルールです。今回は本書用に学生の許可を得てスクショしました笑）。

　学生たちは、このアプリで「ハメを外した」きわどい内容の写真などを送ることがあります。私がある学生とスナップチャットでやりとりしていると、『**アナ雪**（アナと雪の女王）』の主題歌『Let《レット》 It《イット》 Go《ゴー》』を熱唱する動画が送られてきて爆笑しました。スナップチャットには動画編集機能もついているのですが、学生が熱唱している顔が曲に合わせて面白く変形・加工されていたからです。そのシュールさがツボでした。

　これは投稿した内容が受信者に保存され、時に拡散されてしまうリスクもあるツイッターやＬＩＮＥではまず送れない内容です。前章で、若者にとっては「失敗が命取り」になるというお話をしましたが、具体的には、**こうした写真や映像がデジタルなＩＴ環境で永遠に削除できず残ってしまうというリスクがあるのです。**

しかしスナップチャットではハメを外した写真や動画を送りあっている。これはスナップチャットが、保存、拡散リスクが少なく、ストレスの少ない「コミュニケーション・ツール」であることを意味しています。学生たちは、きわどい内容に限らず、たとえば「構ってほしい」「誰かに今何をやっているか知ってほしい」「時間を共有したい」など、ちょっとしたときに写真や動画を送り合っています。

ただし、スナップチャットでやり取りするのは、すごく仲の良い相手に限定しています。親しくもない人に「**変顔**を送って笑わせる」ことはまずありません。相手に送る内容のほとんどは、くだらない写真か動画で、**自撮り**も多い。文字だけでも送れますが、それならＬＩＮＥで代用できますから、スナップチャットは画像・動画がメインになります。例えば、大雪が降ったら「雪すごい降ったね」と動画をやりとりする。ＬＩＮＥだと「そんなくだらないことを**タイムライン**に流すのか」みたいな反感を買う恐れがありますが、すぐに投稿が消えるスナップチャットなら、気軽に自分ごとを投稿できます。

それこそ、「今ここにいるよ」とか「駅にいる」だけでもいいのです。自撮りして看板を見せたり、変顔を撮ったりしては投稿します。年始には「あけおめ」動画が一斉に送られてくる。気軽でくだらない、そこがスナップチャットの良さです。LINEでは既読がつかないと悲しいし、フェイスブック、インスタグラムでは「いいね！」の数が気になるところですが、スナップチャットなら他人からの「承認」を気にするストレスもありません。

また別の角度から眺めてみると、**スナップチャットは、「素の自分」を見せられるツールです。フェイスブックやインスタグラムは、どちらかというと「かっこいい写真」をアップする場所。すると自分の表面的な部分しか表現できません。**その点、スナップチャットはもっと身近です。素に近い姿を見せられると、相手は「自分は信頼されているな」という信頼感を覚えます。私自身、スナップチャットを始めてから学生とめちゃくちゃ仲良くなりました。気負いなしにくだらないことを送り合うことで、親しい人との距離がますます縮まっていくような安心感がありました。なお、やりとりの回数が増えると「ニコニコ」が「ハート」に変わるという具合にスナップチャット上の親密感を示す**アイコン**が変わっていきます。**これは相手との仲の良さを示すものさし。**また「もっとお互いの仲を深めたい」という動機を強くするしかけにもなっています。

このようにスナップチャットはストレスを最少化するものでありながら、なおかつ、より「深く」人と関わりたいという要望に応えるものです。以前、若者から「ツイッターの**裏アカ**みたいなもの」と説明されたことがあります。裏アカとは、一般に広く発信する目的ではなく、素になって本音をさらけ出せる場所として、メインアカウントとは別に作るもの。フォローするのも本当に親友と呼べるような信頼に値する数人（5～6人）だけ。限られた人しかいない場所だからこそ、本音で話し合えるし、相手の反応も気にせずにくだらないことも言い合えるというわけです。

本当に仲がいい友だちは、大した用がなくても気張らずコミュニケーションしたいもの。それを彼らは、スナップチャットやツイッターの裏アカを介して行っているのです。この気兼ねないやりとりで絆をさらに深めています。

もっと必要とされたい「カップルズ」「ペアリー」「ビトウィーン」

他人と「深く」つながるためのツールとしては、「**カップルズ（COUPLES）**」、「**ペアリー（Pairy）**」、「**ビトウィーン（Between）**」などのカップル専用アプリも興味深い使われ方をしています。どれも、LINEのようなチャット機能、写真共有機能や、「あと何日で○○記念日です」などと記念日をカウントダウンしてくれる機能などを備えています。

ところが最近では、これを同性同士で使う若者が現れています。絆《きずな》を深め合いたい、親密な会話をしたいという欲求は、恋人たちだけのものではない、ということです。

現在市場が活況なソーシャルゲームは、自分で完結することなく「誰かと共有している」という感覚を起爆剤としてブームとなりました。ディズニーゲーム「**ツムツム**」などもそうですが、会話のネタにしやすく、つくし世代の「自分ごとが広がり、誰かと共有できる喜び」をうまく拾いあげています。また多くのゲームは当初から「**フレンド機能**」を備えていました。アイテムをお互いに貸し借りしたりしながらゲームを進めていく機能です。これにより、多くの友人を持っていたほうが有利になるというゲーム性が付与されています。そして超人気ゲーム「**パズル&ドラゴンズ**（パズドラ）」は1年ほど前から「**親友機能**」が導入されました。フレンド機能をさらに一歩進めたものです。フレンドのなかから「親友」を指定すると、ほかのフレンドとは区別されて、より多くのメリットをお互いに享受できます。

これは、より「深く」付き合いたいという、つくし世代のニーズを反映させたものではないでしょうか。彼らは「広い」だけの友人関係では虚無感があるのかもしれません。「本当に自分たちつながっているのかな」「もっと自分を必要とされたい」といった、「深さ」に対する欲求は、「広さ」を求める欲求と表裏一体、そんなふうに思います。

もっと気軽に　ハッシュタグで文章を書く

三つめのキーワードは「**軽く**」です。**つくし世代には、コミュニケーションや生活を楽にしたい、シンプルにしたいという欲求があります。**ＬＩＮＥも、もとをたどれば、そうした欲求から出てきたツールではないでしょうか。メールより簡単に、それこそ**スタンプ**1個で「ありがとう」などと送れる気軽さがあります。最近は**音声だけ**送るのが流行っていて、「文字を打たずに気持ちを伝える」使い方も広まっています。

インスタグラムが流行《はや》っているのも、それが軽く、シンプルなコミュニケーションを可能とするツールだからです。インスタグラムでは、文字情報よりも**ビジュアル**情報が重視されています。これが日々、たくさんの情報と接しなければいけない若者にマッチしました。なぜなら、文字は「読まないとわからない」が、ビジュアルなら「一目でわかる」。なるべく情報処理の負担を軽くしたいと考えている若者は、「文字からビジュアルへ」と伝達手段をシフトさせていくことになるでしょう。今後はさらに**動画**によるコミュニケーションへと進化していくと考えられます。静止画に比べてはるかに多くの情報を、しかも手軽に伝えられるからです。

「**ハッシュタグで文章を書ける**」というところにもポイントがあるように思います。長い文章は、書くのも読むのも「重く」感じる。ところがハッシュタグを上手に使うと、細切れの文章でも体裁が整います。また、重い言葉、たとえば「大好き」という言葉も、ハッシュタグにすると、照れずに軽い気持ちで伝えられます。曲の歌詞なら「大好き」も照れずに歌えるのと同じかもしれません。本来ハッシュタグは、同じ興味を持つ人たちと一つの話題で盛り上がったり、自分の投稿を検索されやすくしたりする機能だったのですが、「文章を簡素化する」という新しい役割がそこに入り込んできているのです。

ハッシュタグで文章を簡素化（インスタグラム）

そしてフェイスブックにおいても、写真の**タグ付け機能**を用いてメッセージを送るという新たな使い方を彼らは編み出しています。フェイスブックのタグ付けは通常、被写体である人の名前を入力するものですが、その人へのメッセージ（今日はありがとう、など）を入力し、間接的に気持ちを伝えます。直接メッセージを送るのに比べて、相手に「返信しなければならない」というプレッシャーを与えることを避けながら、「こんなところにメッセージが！」というサプライズ感を演出できます。

相手に対する自己主張も軽く 「空リプ」「リア充撮り」

自分の意見を相手に伝えるときも、重くならないよう、なるべく軽くを心がけています。例えば、ツイッターの「**空リプ**（空でリプライする）」です。友だちに嫌なことをされて腹が立っている、けれどもそれを直接伝えるとケンカになるし、SNSで拡散されたら1対1のケンカを超えてしまい、コミュニティ内での居心地が悪くなる。それでも嫌な気持ちを表明したい、自分を嫌な気持ちにさせた当人にも間接的にわかってほしい。そんなときには空リプです。文頭に@（相手のID）をつけて「こういうことが嫌だった」と相手に直接伝えるのは普通のリプですが、空リプはあえて「@」をつけず、ただ「こういうことが嫌だった」と書くものです。返信としての体裁は整っておらず、見た目は独り言と変わりがありません。しかし言われた当人が読めば「俺のことかな」と感づきます。それでいて断定はできないため面と向かって否定することもできず、ケンカにはいたりません。

複雑な空気の読み合い、腹の探り合いがそこにはあります。いわばこれは、省エネのケンカ。直接のケンカに発展すると面倒、リスクも大きくなる。そんな事態を避けつつ言いたいことを伝え合うのが、空リプというテクニックです。

また彼らは、LINEでメッセージを送り、相手が読んでいるにもかかわらず返信がない「**既読スルー**」、あるいは読んでもいない「**未読スルー**」に気を病むことが多々あります。そこで活用されるのがマイクロソフト製「女子高生」**人工知能の「りんな」ちゃん**です。友だちとのグループLINEに「りんな」を入れておき暇《ひま》な時にいじる、という使いかたをします。人じゃないからと罪悪感なく何でも言えますし、既読スルーも絶対しません。また会話が少なくなってきたら、「りんな」が会話を投げかけてくれもする。普段、人に気を遣い過ぎて何を投稿して良いか悩むそんな若者たちにとって、人工知能が潤滑油の役割を果たしています。

「意識高い系」の投稿にも重くならないようにというテクニックが潜んでいます。「自分は頑張っている、努力している」とアピールはしたい、しかしそれを自分で直接言うのは何だか気恥ずかしいし、批判されるのは怖い。そういうときに、意識の高い誰かの記事を「リツイート」するわけです。自分はこんなことに興味あるんだという事実を、他人のツイートを通じて間接的にアピールできる。これも巧妙なテクニックです。

「リア充撮り」も同様です。「彼女がいる」「彼氏と今デート中」と直接的に表現するのは、かっこうの非難の的になります。高校生のあいだで今、10秒間の動画を投稿できるアプリ**「ミックスチャンネル（MixChannel）」**が流行っていますが、あれも批判的に見ている若者が多いのです。最も投稿数が多いカップル動画にしても、「あれ、ちょっと馬鹿だよね」「別れたらどうするんだろう?」と冷ややかに見ています。そこでカップルはどうするかというと、ふたりを直接映すのではなく、間接的なアングルから撮影したものを、SNSに投稿するのです。それとは直接書かず、写真によって恋人との食事をほのめかす。さりげなくリア充であることをアピールしながら、批判を回避しています。

「リア充撮り」。恋人といることをほのめかす写真

「スカイプ（Skype）」の使い方にも若者特有のものがあります。彼らは「電話には相手の時間を邪魔する危険がある、都合の悪い時間にかけて嫌われてしまったらどうしよう」と心配しています。そこで彼らは電話をかける前に、「相手がスカイプにロ

グインしているかどうか」をチェックします。ログインしているようなら「今なら忙しくなさそうだ」と推測し、電話をかけるのです。

これは相手側の負担を軽くする工夫です。

自分や相手の負担やリスクを軽くしながら、人とコミュニケーションを図る。若者らしい一面が見て取れます。


つくし世代はこのように様々なテクニックを駆使しながら、「広く」「深く」「軽く」他者とコミュニケーションを図り、自分の個を持ちながらも他者とうまくつながっています。

新しい技術やサービスが生まれるたびに、彼らはそれをうまくアレンジしながら自分の生活に取り込んでいきます。1年後にはまた新しいテクニックがたくさん生まれていることでしょう。

さて、次はそんな彼らの行動の裏にある「原動力」に迫っていきましょう。彼らを動かしているものは果たして何なのか？　そこから見える、仕事観、人生観についても見ていきたいと思います。

若者がつくし、つくる

居場所②

誰かの幸せになれるシーンを残すことが私の使命です

スマホの普及からSNSで生まれた「自撮りブーム」を「商売」に洗練させた若き女性経営者

㈱Morning Labo代表取締役
中村朝紗子さん

2013年に自営開始した「撮影女子会」は昨年、会社設立にまで発展。「可愛くないものを〝絵になる力で〟リブランディングする」ことを目指している。

「撮影女子会」。若くてきれいな自分の写真を永遠に残しておきたい。どこに？　SNSのタイムラインに。自分が主役の「つくし世代」のセルフプロデュースは、「絵になる」ことへの欲望である。そんな等身大の「自分ものさし」で欲しいものを「つくり」上げ、商売に高めた女の子のお話を紹介する。

◇　◇　◇　◇

それはツイッターではじまった

「25、26歳でできればいいと思っていたんです。『撮影女子会』は……」

中村さんがこのアイデアを思いついたのは明治大学在学中、2013年、3年生の頃。彼女は就活を控え、おまけにこの夢を実現するための仲間もいなかったと語る。

「SNSやブログで夢物語のつもりでやりたいことを書いていたら、ツイッターのDMを知らない女の子からもらったんです」

その子は中村さんが入っていたダンスサークルに所属し、服飾関係の勉強をしていた子だという。中村さんの夢に共感し、二人は意気投合。

「翌日から1カ月の合宿生活(笑)。見よう見まねで企画書を作り、営業電話をかけまくりました。100件かけて2、3件話を聞いてくれ、サービスに必要なドレスやスタジオの業務提携先が増えていきました」

中村さんが開始した「撮影女子会」とは、「ドレス&メイクアップ、プロカメラマンによる写真撮影で1日ヒロイン気分が味わえる女子会」というサービス。彼女が商売になると踏んだのは、従来の「女子会」が居酒屋で愚痴をこぼすが多かったことを疑問に思っていたことにあったと彼女は語る。

「2010年に〝女子会〟が流行語にな

ハロウィンもパンケーキも〝絵になるから〟女の子たちは好きなんです。「撮影女子会」では、一人ひとりが一番キレイな「自分が主役」を演出する。

ったんですが、マンネリ化して次第にリムジン女子会など〝体験型〟へと変わっている空気を感じていました。さらにSNSの自撮りブーム。これは女の子たちが〝絵になる〟ことを求めていると言えます」

彼女はSNSのタイムラインと女の子のライフスタイルの欲望を結びつけたのだ。

自分が主役だから「絵」にしたい

「素敵な瞬間をタイムラインに残しておきたい。しかも女性としてキレイな20代の頃の自分の姿を。ならば、ドレスアップして一番キレイな自分を更新してもらうという軸と女子会を掛け合わせたら面白い体験型女子会ができると思ったんです」

当時、彼女はお金がない中で話題をどう生むか悩んでいたところ、かわいい写真と「シェア」の相性の良さに気づき戦略にしたのである。「撮影女子会でドレスを着たら可愛いあなたの写真をシェアしていただけたら、素敵な写真をもう1枚サービスします！」と。果たしてネット上で話題になり、コメント、リプライ、ついには「NAVERまとめ」サイトなどで話題になり、ついにテレビ取材という好循環で「撮影女子会」は回転し出したのである。

現在では、この自然拡散を「フォトジェニックマーケティング」と戦略化し、トヨタ・メガウェブとコラボ（「Girly×Retro×Photoshooting」）まで展開したという。

「クルマって女子にとっては共感しにくいので、クルマをパンケーキにしましょうと提案しました。女の子がパンケーキ好きなのは、味はもちろん〝かわいい絵〟が残るから。ならば自分が主役として可愛くクルマにいるシーンを演出したんです」

今では、JOY SOUNDやJRAとのコラボも手がけている。しかし、中村さんの夢は極めてつくし世代的だ。

「金儲け？ 上場？ 私はただ女の子の『あったらいいな』を叶えたいだけなんです」

彼女の描く夢（絵）はブレない。それは、女の子の幸せのシーンを演出することだ。

第3章

お金より大事なもの

つくし世代が本当に求めている「居場所」と「仕事観」

ワカスタビジコン

「若者が若者を動かせ」をコンセプトにした若者向けキャンペーン企画コンテスト

「つくす」とは慈善活動ではない

先日、フジテレビの情報番組バラエティ番組『バイキング』（２０１６年２月11日放送）の特集で「つくし世代」という言葉を取り上げてもらいました。ツイッターで検索すると、番組を見た方の「若者はそんなに〝お人好し〟ばかりではない」といった否定的なコメントが散見されました。

おそらく、つくし世代の意味を「若者は他人に対し慈善的活動が好きだ」と誤解、曲解されたのでしょう。私が言う「つくし（尽くし）」とは、単なる慈善活動のことではありません。自分を犠牲にしてまで人のために頑張るということでもありません。**人につくすことが、自分の幸せにもつながることを彼らが知っていて、そのために行動している**ということを言いたいのです。

お金以上に若者たちが求めているものがあると、私は彼らとの出会いを通じて確信を抱いています。

この章では、つくし世代が本当に求めているものは何か、そのことについて明らかにしておきたいと思います。

結論から言うと、若者たちが求めているものは、「居場所（コミュニティ）」だと、私は考

えています。さらに、**仲間に主体的に「つくす」ことで自分の居場所を、参加すべき「社会」だと捉え、その場所をより快適なものに「つくり」あげたいと考えているのです。彼らの社会観は、この「つくす」「つくる」という相互補完関係で構築されていると言えるのです。**ゆえに若者が「つくす」ことは決して慈善的な行為ではなく、もっと自分の人生を豊かにする上で積極的なコミットメントだと考えます。

それでは、まず若者たちが「つくしたい」という気持ちとは、どこから来るものなのか。彼らが切実に求めかつ行動の動機となる「居場所」について見ていきましょう。

自分の居場所を見つけるジレンマ

ここまで見てきた通り、個を確立しているつくし世代は、ネットを介《かい》して他者とゆるくつながり、「広く、深く、軽い」コミュニケーションを積み重ねています。そこに若者たち独自の様々なテクニックが潜んでいることは、第2章で説明しました。

しかし、それらの根底には、自分にとって**心地良い居場所をつくりたいという願望**があるのではないか、というのが私の考えです。

仲間とのつながりを大切にし、共感できる誰かのために何かしたいという「つくし」の

「ぼっち」。ひとり焼肉がさらにさみしさを伝える。孤独を満喫する状態を「ぼっち充」ともいう

感覚も、そこに根源があるように思います。

ネットでゆるくつながっているからこそ、彼らは変化に対しても柔軟に「軽く」対応できます。それはつくし世代の若者の長所であり、ポテンシャルだと言えるでしょう。しかしその反面、ゆるいつながりしか持たないため、彼らは「どこにもしっかりとは帰属していない」という不安感を常に抱えてもいます。だからいつも、居場所のなさを感じている。

若者の間で「**ぼっち**」という言葉が流行っているのは、深く関われる居場所がなく、自分の価値観が肯定され、相互承認できる確かな居場所をなかなか見つけられないことの裏返しではないでしょうか。

コスパ意識が高く「無駄なことをしたくない」また「失敗を極度に恐れる」つくし世代の若者は、ともすれば、そうした居場所が見つからないと思うと早々に諦めてしまい、故《こ》意《い》に「ぼっち」になる傾向すらあります。

あくまで自分が主役、他人に縛られたくはないと願ってはいても、「ぼっち」はさみしい。自分に「それな！」と共感してくれる人を周りに増やしたい。若者のジレンマはそこにあります。この葛藤はいつの時代、どの世代にも当てはまる普遍的な問題かもしれません。しかし、自分の価値観を持ち、SNSを通じて他者と関わることを避けられないデジタルネイティブ世代である彼らにとって、居場所づくりは、今を生きるための特段に**重い**問題となっているのです。

言い換えれば、**自分の存在の「重さ」をしっかり認めてもらえるコミュニティ。個の確立と帰属の、心地いいバランス。それが彼らにとっての居場所です。**

共感（それな！）を求めて「つくし」居場所を「つくる」

つくし世代がこれほど切実に求める居場所について、もう少し考えてみたいと思います。必要条件は「自分に共感してくれる人が周りにいる」ということです。序章でも記しましたが、**共感**とは、自分や仲間が発信したことに対して「**それな！**」とお互い感動し合う**承認**の意味であると同時に、その感動を**シェア**したいという気持ちのことです。突き詰めれば、若者にとって、共感さえあれば構わないとすら言えます。

フェイスブック上で「いいね！」の数を増やしたいのも「共感してくれる人が自分のまわりにこれだけいるんだ」と自分と仲間との「つながり感」を確かめたいからです。彼らにとってのコミュニケーションの目的とは、「それな！」と共感してくれる人を増やし、さらに、その共感を分かち合う居場所をつくるためです。

この分かち合う行為を、若者たちは「シェアする」という言葉で表現し、日々実践しているのです。それはSNS上のみに留まりません。例えば、サークルの合宿など仲間で過ごしたイベントがあると、合宿中の一番いい写真を提出してもらい、そこから12枚の写真を厳選し、カレンダーをつくってみたり。それを大切な思い出として全員がシェアするのです。

シェアする対象は拡大する一方です。最近、アニメが属する2次元と人間が属する3次元の合間を意味する「**2・5次元**」というキーワードが聞かれるようになりました。『テニミュ（ミュージカル「テニスの王子様」）』『刀剣乱舞』『戦国無双』などアニメ原作のミュージカルが好評を博し、「**μ's（ミューズ）**」（アニメ『ラブライブ！』の声優さんたちで結成した声優ユニット「ミューズ」は2015年年末の**紅白歌合戦**に出場するほどの人気です。

これらはどれも、原作アニメが好きな仲間たちと触れ合い、一体感を楽しむところに魅力があるイベントです。もちろん一人でアニメを見ているのも楽しいし、放送中にツイッターでつぶやけば同じ趣味を持つ人たちと気持ちを共有することもできます。しかし舞台になれば、その一体感は何倍にも膨れ上がります。

たとえば、ライブに**ペンラ（ペンライト）**を持ち込み、曲が変わるタイミングで一斉に色を変えて振るときは、一糸乱れぬ一体感があります。「テニミュ」でも観客みんなでチームの応援をする「熱さ」を感じるといいます。これらはいわば「原作愛」の共有です。そして共有するほどその愛は強くなるのです。

このような時代において必須のスキルになるのが、**コミュ力（コミュニケーション能力）**です。周囲の状況を咄嗟に把握（空気を読み）し、他人から共感されるような発信をできる人は、「コミュ力が高い」と尊敬されたりもします。**KY（空気を読めない）**な人が、鼻から相手にされないのはこうした背景があるのです。

ところで、なぜ若者はこうまでして共感を求めたくなるのか。もう一つポイントがあるとしたら、**「他人の行動が丸見えである」という情報環境も挙げられると思います。**ＩＴが普及する以前なら、自分一人でいても周りの様子を気にすることはありませんでした。しかし今は、好むと好まざるとにかかわらずＳＮＳは生活の一部（インフラ）となっている環境です。生々しい他人のプライベートの出来事（イベント）がリアルタイムに伝わってきます。

例えば、一人でヒマしている時に、ふとフェイスブックをチェックすると「あの子が誰かと遊んでる」など現在進行形で友だち（他人）の行動がわかってしまいます。皆は一緒にいて楽しんで（リア充して）いるのに、自分は「ぼっち」だと思い知らされる。これが「さみしさ」を募らせる原因であり、同時に強烈なストレス要因にもなっています。

しかし、彼らは、このさみしさをバネに「もっと友だちから必要とされる人間になりたい」「共感してくれる人に囲まれて安心したい（承認されたい）」といった前向きなモチベーションに変換して自分の取るべき行動を選択します。この動機に基づいた若者の他人への関わりこそ「つくす」という行為なのです。

自分が他者にリアルに「つくす」ことで、他者から承認され、相互に認め合いながら「つくる」コミュニティが、彼らの求める「理想的な社会」、すなわち多幸感をもたらす「居場所」になります。「リア充」の実感は、この居場所で得られるもの。つくし世代の若者にとって「幸福感」の指標になります。

WIN-WINでつながる友だち関係

「友だち」関係もつくし世代ならではのものがあります。つくし世代が欲しいのは居場所であり、居場所をつくるために自分の価値観に共感してくれる人が欲しい。そうなると単に「そばにいる人」を友だちというわけにはいきません。

彼らにとって友だちとは、共感し合い、影響し合い、共に居場所をつくれるパートナーのことです。

その意味では、「友情のためなら死ねる」「**腐れ縁**」といった友だち観は、彼らはピンとこないかもしれません。それよりも、お互いのメリットのために「尽くす」ことがWIN-WINの関係をつくるという、スマートさのほうが目立つように思います。特定の人とだけですべて行動するというよりも、カフェに行きたいときはあの子、映画を観たいときはあの子、買い物に行くときはあの子というように、場面にあわせてベストなパートナーを選択し、使い分けている、といった印象が強く残ります。この、「使い分け」の感覚は、ほかの関係性よりも際だっているように思います。

実際、彼らはよく「**場面だよね**」という言葉を使います。TPOと同じような使い方で、「ご飯食べた後どうする?」に「場面だよね」と返したりする。自分たちの気持ち次第で行くところ決めるという意味なのですが、友だち選びにおいても「場面」が効いています。

これもおそらくは「個が立っているから」であるのでしょう。いつも自分が主役。自分の価値観を理解しているので、自分の周りに誰がいると幸せなのか、答えをはっきり持っています。また相手のメリットのために自分一人が犠牲になることもよしとしません。あくまでお互いの利益、WIN-WINがあるから、つくすのです。このように彼らは極めて合理的な判断のもとで、友だちを選んでいるのです。

「つくす」ことによる多幸感＝「シェアハピ」

今の若者たちは、「つくす」ことで「ありがとう」と言ってもらいたい、自分にとって心地良い居場所を「つくりたい」と願っています。

ここで重要なのは、若者が「つくし」、感謝のレスポンスを分かち合う（シェアする）対象は、自分とその「顔の見える」仲間、特定の誰かであることです。端的に言えば、「仲間（友だち含む）」だけです。序章で「自分ごと」のお話をしましたが、彼らの仲間意識は、その範囲を意味し、そのコミュニティの「誰トク」になる（誰の得になる）のかを慎重に考え「つくす」のです。不特定かつ匿名多数の他者、つまり「顔の見えない」他者に対し、「つくす」動機が起こらないとも言えます。ここは、「つくす」が「慈善」でないことを明らかに示しているのです。例えば、前著でも示しましたが、献血する若者が減少しているという事実がそれを物語っています。

ただし、その際、「物理的な距離感」は重要ではありません。ネットのみだけで知り合い、いまだ実際に顔を合わせたこともないという関係性もあるでしょう。また、お互いの本名を知らずに**ハンドルネーム**（ネット上でのニックネームの意）だけで付き合うケースもあります。前の世代に比べ、若者の人間関係の遠近法が変わっている証拠とも言えるのではないかとも思います。

そして自分が仲間につくせば、相手も自分につくしてくれると彼らは経験値として学んでいます。やってもらう、そのお返しにまたやってあげる。この**互酬**《ごしゅう》の連鎖、シェアする思想により、皆にとって居心地の良い場所がより「深い」ものに進化していきます。

簡単に言えば、「つくし合いシェアし合えば、お互いよりハッピー（幸福）になれる」ということです。SNS上でも、「こんなことをしてあげた」「こんなことをしてもらった」というネタは拡散しやすく、自分の属しているコミュニティの仲間たちから承認の「いいね！」と「シェアする」を稼《かせ》ぎやすいことで知られています。

この若者のトレンドを繰り込んだ**江崎グリコ**は、昨年（2015年10月〜）、三代目J Soul Brothers from EXILE TRIBEを起用し、『Share The Love』の曲に乗せてダンスする「**シェアハピ**（**The Share happi**）」というキャンペーン（テレビCM）をつくりましたが、文字通りこのCMは「幸せを分かち合い共有する＝シェアする」もの。軽快なリズムと思わず躍ってみたくなるダンスの振り付けやタレントパワーはもちろんですが、彼らの多くが持っている価値観をうまく捉えたコンセプトだったのが成功の要因でしょう。「シェアハピ」という言葉も既に若者に浸透しています。

このように若者たちはシェアすることでハッピーになります。**彼らにとって最大の喜びは、つくしたことを誰かに共有してもらうこと。つくして終わりではなく、「こんなことしてもらったよ」とツイッターなどSNSで拡散されると、ものすごく嬉しいのです。**また自分がつくしていない人にも「あの人は友だち想いだ」という印象を与えられたら、やはり自分の居場所づくりの一助になります。

バレンタインデーに女性同士でチョコをプレゼントし合う「友チョコ」も、交換することそのものが目的です。ただ「同性相手にチョコをあげる」で終わらせず、交換し合うところに喜びがある。ここにも「シェアハピ」のように、誰かにつくせば返ってくるという感覚があります。ですから、友チョコをいくつもらえるかを気にしますし、たくさんもらえるとうれしい。もらったチョコの数は、そのままリア充感と、今の居場所の心地よさを示すものだと言えます。

インスタグラムやフェィスブックへの投稿に若者が躍起になるのも、「いいね!」を稼ぎたいという側面が大きいです。「いいね!」の交換で面白いのは、もはや友人の投稿を見もしないで、機械的にスクロールしながら「いいね!」を押しまくることを日課にしている大学生がいました。押した数だけ自分にも「いいね!」が互酬として返ってくる、そのコミュニケーションが「うれしい」と彼は言っていました。「だからたまに間違って広告をクリックしてしまう」ようです(笑)。そのぐらい彼にとって「いいね!」は日常生活の中で「ルーティン(日課)」化しています。と同時に**その動きを止めてしまうのが「怖くなる」という脅迫に近いものを無意識に感じているのです。**若者は自分の求める居場所づくりのために、スマホやタブレットなどのガジェットをフル活用し、それほどの努力をしているのです。

居場所から「排除」されないために「空気を読む」

昨年、ある自治体からボランティア団体の活性化のためのセミナーを依頼されました。そのときのプログラムが、私の講演（若者に対するアプローチ方法がテーマ）と、ボランティアで活躍している若者（4名）とのパネルディスカッションの2部構成でした。

モデレーターをしながら彼らの意見を聞くうちに、ボランティアに参加するモチベーションも、やはり居場所づくりなのだと、強く感じました。

日常生活においては、大学やアルバイト先、会社で、「自分はこうあるべき」だと、演じなきゃいけないキャラクターがあり、また、そのキャラクターが固定化されるきらいがあります。ですが、つくし世代には、日常とは異なるコミュニティと、**ゆるくつながりたいという意識**があるのです。

そこへいくと、ボランティアは学校や会社と違い、利害関係や立場の上下とは切り離された場所です。

というのも、ボランティアにはおばあちゃんもいれば子供も参加している。そこでは普段のキャラクターとは違う、素の自分を受け入れてもらえる。「それが心地良いから、この場所は自分にとってなくてはならない場所だ」とパネラーの若者が語ってくれました。

今の若者は、キャラクターを演じることを要求され、素の自分を出せない環境にいます。ありのままの自分の解放を歌った『Ｌｅｔ Ｉｔ Ｇｏ』がヒットしたのも、それが現実の生活、社会関係では、「ありのままの素の自分でいること」がなかなか難しいからでしょう。

若者が素の自分を表現できない理由として、私が「なるほど」と思ったのは「昔、自分の本音を口にしたとき、それによってコミュニティが険悪になったことがあって、それがトラウマになっている」という話を「ワカスタ」に参加している学生から聞いたときでした。今はＳＮＳがあり、その本音の一言がＬＩＮＥ上に出回ってしまうことも、しばしばあります。すると「こんなこと言われた」「あいつはヤバい」という評判が拡散されて、せっかく努力をして手に入れた居場所であるコミュニティに「居づらく」なるというわけです。

それが怖くて、普段から気を遣い、キャラを作り、愚痴は言わないようにするなど、リスク回避に忙しい……。それがストレスになってしまうのです。その反動で、彼らは心地の良い居場所づくりに励んでいます。「ＫＹ」という言葉にみられるように、**若者はみな空気を読むことに真剣です。**彼らは何も、周囲に合わせよう、場を上手く仕切ろうと思って空気を読んでいるのではありません。それは**自分の居場所から排除されないための切実**

な**努力**なのです。

仕事も「共感ベース」で選ぶ時代

つくし世代の若者は、何よりも「居場所」を求め、共感を求めている。それは自分の人生を支え、膨大な時間を費やす**仕事**においても同じことが言えます。

第1章で触れた「生き方の選択肢が広がっている」という事実は、若者の仕事観をも大きく変えました。もはや、働くことが当たり前の時代ではありません。あらゆる生き方が許容されている環境とは、やりたくないことをやらなくても生きていける環境でもあります。**「新入社員のうち3割が3年以内に会社を辞めていく」**というデータをご存知の方も多いことでしょう。昔から会社をすぐに辞めていく人はいました。しかし、倫理的な問題はさて置き、現実的には辞めたら食べていけなかった昔とは違い、現在はバイトも多種多様で、生活保護も昔より充実しています。実家に戻れば、右肩上がりの時代を生き抜き、経済的な余裕もあり、まだまだ健康で元気な両親に生活費を頼れるという人も多いはずです。若者の離職率の増加は、「新卒で入社した会社を辞めても、選択肢を見つけやすくなった」ことの証しです。ちなみに、2016年3月に実施したADKの調査では、18～29

歳の就職経験者のなかで約57％が、退職を経験したと答えています。辞めたいと思ったことがない方は、わずか1割程度です。この結果を受けて、若者は我慢が足りない、もっと辛抱強くならないと何も解決しないと憂う上の世代の顔が思い浮かびます。

確かに、自分の就職した会社だからもう少し自分の選択に責任を持てという意見も分かりますが、今は選択肢が非常にたくさんある時代。自分と価値観の合う会社を見つけることも以前よりも可能性は高まっています。それが無理でも自分で会社を起こす事だってできるのです。嫌々過ごす3年間よりも、自分が生き生きできる可能性を選ぶことは自然だと思います。

ただ、もう少し会社にとどまることで気づける楽しさややりがいもあります。若い人が残る会社にできるかは、若者の意識の変化だけに頼るのではなく、上の世代の環境づくりも重要になってきます。やはりADKの調査によると、仕事を辞める理由として「人間関係が合わなかったから」「やりがいを感じなかったから」「自分の成長につながらないと思ったから」などが挙がります。こうした、自分の価値観とのギャップに悩む若者をどう育てていくべきか。これに関しては後述します。

話を元に戻すと、「どんな生き方も可能、ならば自分のやりたいことをやり、正直に生

図5　若者の約6割が退職を経験 辞めたいと思ったことがない人はわずか1割強

Q. あなたは仕事を辞めたことがありますか？
また辞めたことがなくても辞めたいと思ったことがありますか？

※ベース：就職経験者（N＝589）

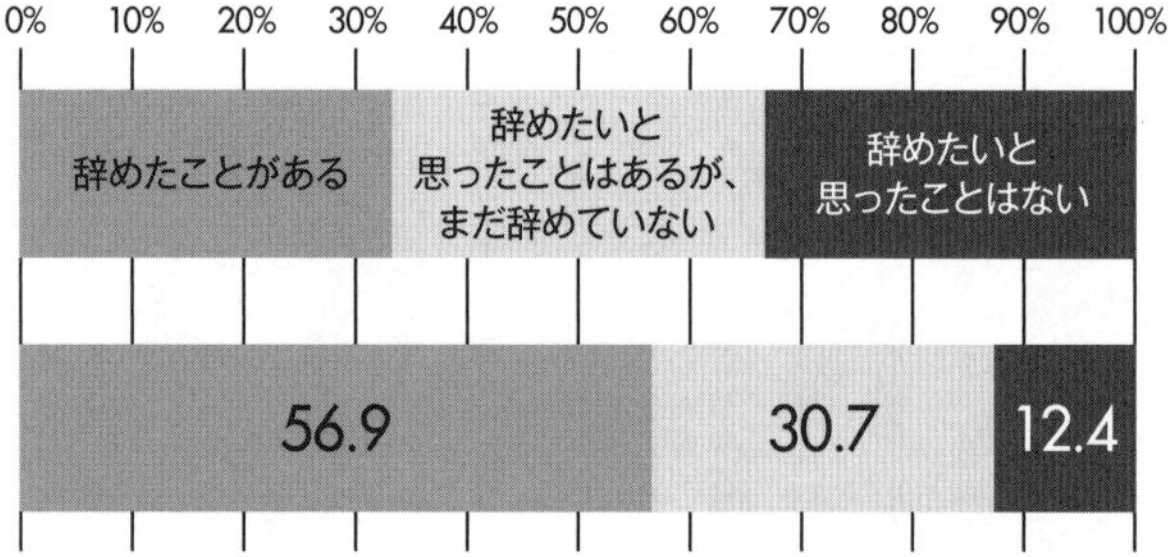

「ADK オリジナル WEB 調査」2016.3
全国18-29歳男女824名（男性412名、女性412名）

「仕事を辞めたことがある」と答えた若者は約57%。「辞めたい」と思ったことはあるが、まだ辞めていないが」約31%。会社を辞めることに抵抗のない若者が増えている。

図6 仕事をやめるきっかけとして最も多いのは、人間関係 「やりがいを感じなかったから」も高いスコア

Q. なぜあなたは仕事を辞めたのですか？
または辞めたいと思ったのですか？（あてはまるもの全て）

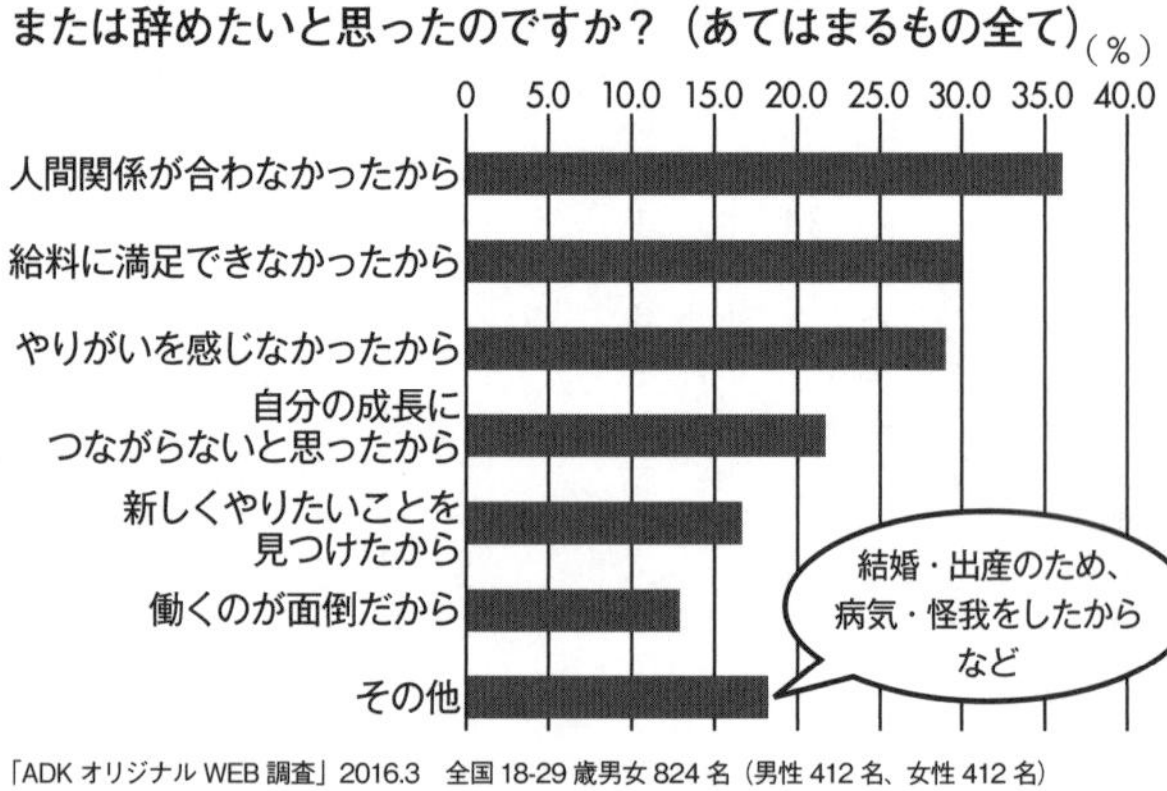

「ADK オリジナル WEB 調査」2016.3　全国18-29歳男女824名（男性412名、女性412名）

「給料に満足できなかったから」はいつの世も上位。人間関係とやりがいの不満を理由にする割合が増えているのが、つくし世代の若者の特徴である。

きたい」と考える今の若者は、仕事に何を求めるのでしょう。大企業に勤めて毎日通勤することがイコール仕事なのか。彼らの答えはノーです。

『日本経済新聞』に「18歳が拓《ひら》く」という特集記事が掲載されていました。高校生ビジネスプラン・グランプリに出場した高校3年生の河崎奎太君は、国産杉を用いた人にやさしい箱型教室を提案、見事グランプリに輝きました。彼はこんなことを言っています。

「僕にとってビジネスは金儲けではなく、困っている人のために何かすること」

また母親の後押しがあることや、みんなに認めてもらう喜びも語っていました。

肝心なのは、どんな目的で何をするのか。つくし世代の若者は、いつも「自分は何のために、誰のために」と自問自答しています。言い換えれば、彼らはお金を稼ぐ以上のモチベーションを、「仕事」に求め、探していると言えるのです。

つくし世代の「自分探し」

好きなことには貪欲、そうでないことは一切しない。こうした割り切りの強さは、つくし世代の若者働き方にも影響を及ぼしています。彼らの多くは「ずっと同じ会社で働こう」とは考えていません。終身雇用制度はすでに崩壊していると理解しているからという理由だけでなく、自分の「やりたいこと」は変化していくものだ、という前提のうえに、キャリアを考えているように思います。

反面、10代の早い段階から「やりたいこと」がはっきりしている若者が増えていることも印象的です。受験一つとっても、昔とはずいぶん変わっています。

かつて受験には大学名重視の傾向がありました。たとえば「自分は早稲田にいきたい、第一希望の国際教養学部に落ちても、商学部に受かったら、そっちに進学する」と考える人が多かったわけです。現に「どうしても早稲田に行きたくて、早稲田だけで8学部受験した」という人を私は知っています。

それが今、高校生は大学名ではなく学部や学科で第一志望を選ぶ高校生も増えてきています。

「自分は国際教養を学びたい、早稲田に落ちたら、上智の国際教養に行きたい」と考える。学びたいことが先にあって、それから行きたい大学が決まる。これは、私にとって衝撃的でした。それほど、将来のやりたいことを強く持っているとは。

ただ当然ながら、すべての若者がやりたいことを見つけているわけではありません。「やりたいことを見つけなさい」と教育されたところで、言われた通りに夢が持てるとは限らないということです。

しかし、夢を持っていない若者は価値観を確立していないのかというと、そうではないようです。

私はこんなふうに分析しています。彼らもまた、「こうありたい」という価値観は確立しているが、**それを満たすべき「手段」としての夢が見つかっていないだけ**なのだと。彼らは、何をやれば「こうありたい」と思う自分になれるのか、どんな学部や職業が自分のフィーリングに合うのかと探しています。

一見すると、昔ながらの「若者の**自分探し**」かもしれません。ですが、昔の自分探しとは、はっきり違う点があるように思います。

昔の若者は、「何が正解なんだろう」と、価値観のレベルで自分探しをしていました。しかし今の若者はすでに価値観は確立しており、「それを満たす手段は何だろう」と、手段のレベルで迷っています。そして迷える若者が増加しているのは、その手段の選択肢が爆発的に増えていることが理由ではないでしょうか。大学も就職も、結婚相手も、あまりに選択肢が多すぎて、これと決められないのです。

視点を変えると、今の若者は悩み方が具体的です。昔の若者は「成功したい」「幸せになりたい」とは思っていても、何が成功で何が幸せか判断するべき価値観を持ち合わせてはいませんでした。そのため悩み方もどこか抽象的でふわふわしていました。一方でつくし世代は、「何になりたい」は見つからなくても、「こうありたい」はあるのです。後は具体的な実現手段を見つけるだけ。しかし選択肢がありすぎて迷うのです。

新卒入社した会社を2〜3年目で辞めてしまう若者が増えているのも、手段としての職業選択にズレがあったためだと考えられます。

「仕事をしなければいけない、お金を稼がなければいけない」という意識は持っていても、彼らにとって、自分の価値観と違う仕事を続けることは、苦痛でしかありません。「こうありたい」と思うのとは違う自分でいることに耐えられないのです。

こうして彼らは、「こうありたい」と思う自分になるための手段を探し、仕事を転々としていきます。

例えば、大手人材派遣会社のエン・ジャパン出身の風見ひかりさんは、「一度就職してから自分が本当にやりたかったことがわかった」といい、ビジネスパーソン向けのヨガ講師に転身しました。

彼女はこんなふうに語っています。

「自分の『人生の選択肢』を広げるために、直感でびびっと来たものに対しては『とりあえずやってみよう！』の精神で、体力の許す限りいろいろなことをやるように心がけています」

また東大を卒業し、アビームコンサルティングに就職したのちに退職、現在は**福井県鯖江市で「ゆるい移住計画」プロジェクト**に参加している**森一貴**さんは、自身のブログにこんなことを書いています。

「世の中、『やりたいこと』がないと生きづらい世の中だなあと思ってます」

「俺にはべつに『やりたいこと』ってないなあ。将来どうなりたいか?っていわれると、将来どうとかしらんけど、とりあえず、今も、未来もずっとただ『しあわせ』でいたいなあ、と、思います」

「今の社会では、『そもそも、①きみは何がやりたいの?そして、②それってどうやったらできるの?』と、言われているような気がします。でも、私の順番はそうじゃないんです。『そもそも、**①どういう状態だったらきみは幸せなの? そして、②それって何をやってると満たせるの**（⇑何がやりたいの）? **そして、③それってどうやったらできるの?**』この順番なんです」(http://dutoit6.com/183)

価値観が先にあり、その次に価値観を満たす手段を探す。つくし世代らしい、自分探しのあり方だと思います。

「いろんな人と出会いたい」という若者たちのモチベーションも、「価値観の実現手段を見つけたい」という思いに由来しているのだと思います。「多くの出会いの中から、自分に合うものを見つけたい」。だからこそインターンシップやボランティアセミナーなど複数のコミュニティに参加し、友だちもいっぱいつくる。そこで、自分の価値観にぴったり合うものがあるかもしれないと、期待しているのです。

つくし世代の新しい働き方①　「仲間のために責任を持つ」

お金以外のモチベーションを探しているつくし世代の働き方を考えるにあたって、私の知り合い二人の若者を紹介したいと思います。

一人めは、増原大輔君（27歳）彼はワカスタ一期生です。昭和と平成の狭間《はざま》に生まれた、いわゆる〝**88世代**〟。ハンカチ王子こと**斎藤佑樹**、マー君こと**田中将大**、**Ｐｅｒｆｕｍｅ**、**大島優子**、**堀北真希**などが同学年です。増原君は、早稲田大学を卒業すると、大手企業に就職することを選ばず、学生時代から手伝っていたベンチャーに就職しました。仕事内容は、プログラミング学校の運営と教師の一人二役です。上には役員がいるのみで、実質的には経営を任されており、半社長のようなポジションだといいます。

彼は、この働き方を選んだ理由として「自分がリーダーでやっていけなきゃ嫌だったから」と話してくれました。

「これまで多くのことを積み上げてきたのに、〃大企業〃に就職して一番下からスタートするのが嫌だった」

「社会はおじさんが勝つけど、プログラミングは年齢にかかわらず、工夫次第で大人に勝てる。だから自分もハマったし、若者に人気なのだと思う」

この増原君の話を聞いて思い出したのは、フジテレビのドキュメンタリー番組2011年10月に放送された『ザ・ノンフィクション』という番組の「ドラフト残酷物語 ハンカチ世代 逆転の選択」という作品のことでした。早稲田大学の野球部で活躍したハンカチ王子こと斎藤佑樹投手が北海道日本ハムファイターズにドラフト1位で指名され入団した1年目の秋に放送され、以後、動画サイトで出回って話題になったものです。2006年夏の甲子園で、マー君こと田中将大投手率いる駒大苫小牧（当時、夏の甲子園3連覇がかかっていた）を決勝で再試合の末倒し、初優勝を果たした早稲田実業学校野球部ですが、斎藤投手以外の優勝メンバーのうち5人が、その後大学で野球部に入るも途中で辞めたそうです。それどころか、大学卒業後は地元のドン・キホーテに勤めていたりする。彼らはなぜ大学に進学して野球を続けなかったのかでしょうか。もったいないように思います。でも番組のなかで、優勝メンバーのうちの一人が言いました。

「一回優勝して頂点に立ったということで、また大学に入って1年生からコツコツコツコツ、グランド整備から道具を磨いたりだとかということをしている自分に、何でまたここから始めなければいけないんだろうという気持ちは多少なりともあったかなと思います」

確固たる自分の価値観を持っているつくし世代は、価値観に反する自分を余儀なくされるような非合理な環境には「身を置きたくない」。そんな意味で、増原くんと重なるものがありました。さらに、その番組では、斎藤佑樹投手自身が大学生活を通じて自分が「持っているものは**仲間**です」と何度も語っていたことが印象的でした。１９８８年生まれの「ハンカチ世代」は、つくし世代と重なっているとも実感しました。右肩上がりの成長の時代を知らない彼らは、極めて現実的で、また仲間を「自分ごと」に捉えているということが斎藤投手の言葉から伝わってきました。

中高生向けのプログラミング学校を運営する増原君の講義

増原君の話に戻ります。彼がプログラミングと出会ったきっかけとなるエピソードがあります。それは、彼がリクルート主催の**ビジコン（ビジネス・コンテスト）**に参加したときのこと。増原君が本番のプレゼンでミスをしてしまい、チームは優勝を逃しました。責任を感じた彼は、チームの仲間たちの前で悔しさとやるせなさで号泣したそうです。

その後すぐに銀座のApple Storeに走り、貯金を全部はたいてPCのMacbook《マックブック》Pro《プロ》とiPhoneアプリ開発の入門書を15万円で購入。本当に増原君のミスだけが敗因だったのかどうか、実際のところはわかりません。

しかしこの話のポイントは、**仲間に対する責任感の重さを感じたこと、「それが自分のせいだ」**

と彼が「気づき」、思い込んだということにあります。ビジコンは「新しいアプリ」の企画開発がテーマでした。だったらチームのみんなで考えたアプリを俺が作る。増原君は、アプリを一人でも完成させて「罪滅ぼし」をしたかったのです。それに「自分たちのアイデアのほうが面白いじゃないか？　作ってみないとわからないじゃないか？」という、ビジコン自体への問題提起もありました。仲間のために責任を持つ。実に、つくし世代らしい考え方です。

それから増原君は2カ月間、1日15時間を投じ、一心不乱にプログラミングを勉強しました。結局アプリは当時のスキルでは複雑すぎて完成させられなかったようですが、基本的なシステムについての知識を身を持って知ることができ、成長を果たしました。その後彼は、リクルートやサイバーエージェントでインターンをはじめ、実践のなかでプログラミングを学び続けてきました。今では、中高生向けのプログラミング学校を運営し、プログラミング教育家としても活躍できる立場になったそうです。

つくし世代の新しい働き方②　サラリーマンよりカッコイイ生き方

二人目のつくし世代は、瑞田《たまだ》信仁《のぶひと》君（29歳）です。彼は一橋大学を卒業後、独立行政法人都市再生機構に就職しました。安定した組織で、高いお給料をもらっていたのです。しかし、それをあっさりと退職。現在は、一般社団法人四国若者会議を設立しながら、四国に若者を移住させるための仕事をフリーで動かしています。近い将来の目標は「四国を、都会に出た若者にとって関わりやすい場にする仕組みを創《つく》ること」だと言います。

今、若者を移住させるために国は1800億円もの予算を投入しています。瑞田君の仕事は、そうしたお金の一部を活用して、都心からのUターンを斡旋《あっせん》したり、四国の若い人を集めるイベントを開催したりすることです。例えば、東京で働いている四国出身者をイベントに集め、若者にも響くポジティブなメッセージを伝えられるような発信を行い、四国に対する共感を促す。瑞田君はフェイスブック上で広範なネットワークを持っています。「四国の人、知ってる?」と一声かければすぐに人が集まるような「**プラットフォーム**」も簡単に作れてしまうのです。

ワークスタイルもユニークです。というのも、香川県の実家と東京のシェアハウスの2拠点居住。そのシェアハウスにはオーナーが二人いて、彼らはハウスに定住しています。しかし、ほか10人ほどは定住せず、東京に来る時のみ住むというスタイルです。彼らも、瑞田君と同じように、地方と都心あるいは日本と海外を行き来する働き方をしているそうです。そのため瑞田君とは価値観が合い、情報交換する相手としてもぴったりです。

なぜ、瑞田君はこのような働き方を選んだのでしょうか。そう尋《たず》ねると、彼は「**地方ですごくかっこよく仕事している人に出会ったから**」だと教えてくれました。その方との出会いについて彼は興奮し、「好き勝手に仕事をしていて、一言で説明できないような仕事をしている」「ネットワークを駆使してめっちゃ稼いでる。リクナビやマイナビには載ってない仕事」「それを見て、サラリーマンよりカッコイイ生き方ができると思って辞めた」と一気に語りました。ひるがえって、新卒で最初に就職した政府系の不動産会社はどうだったのか彼に聞いてみました。すると、「サラリーマン1～2年目は良かったが、異動後の3年目からまったく楽しくなくなった」「生産性が悪いことに嫌気がさした」「権限もないので、こうすれば改善するのにと思っても、会社都合で出来ないと言われて、萎《な》えた」などなど、不満は枚挙《まいきょ》にいとまがないほどでした。

要は、大企業の場合、組織の慣習でガチガチに固められていて、こうしたいと思うことがあっても、「誰がそのアイデアの責任を持つんだ?ルールだからできない」と上司、先輩から即却下されたそうです。世の中を良くする仕組みを「つくれる」会社なのに、「それに目をつぶっているのが許せなかったんです」と。そんなもどかしいジレンマを瑞田君

故郷の四国に若者を呼び込む四国若者会議を設立した瑞田君

は抱えていました。独立の動機もそこにありました。

彼はつくし世代です。世間が認める「良い会社」で働くことより、自分の価値観に合った仕事を選びたいと考えていました。**仕事とプライベートの境目が分からないような（公私混同した）仕事をしたい。楽しく仕事をしたい。自分に正直でいたい。**そんなモチベーションに突き動かされて、瑞田君はフリーになることを決断したのです。

案の定というべきか、独立時にはご両親から大反対されました。「安定した職場を捨てて、不安定な世界に飛び込むとは何事か」というわけです。また「辛い仕事から逃げた」「あんたは我慢が足りない」とも非難されたそうです。瑞田君は言いました。「自分はやりたいことを正直にやりたいというだけなのに、逃げたと思われたのは心外だ」と。

ようやくご両親が認めてくれたのは、瑞田君の仕事が地方紙に取り上げられて（世間から認知された）からです。それまでは「実家で肩身の狭い思いをしていた」そうです。

自分の将来について、瑞田君はこんなビジョンを持っています。「移住にこだわらず、人と四国がつながるより多様な場づくり、仕組みづくりをしていきたい」「若者に共感を呼ぶ先進的な生き方をする〝ヒト〟に光を当て、発信するメディアを創りたい」『これが好き』という個人の価値観に根ざして活動しているのが、今とても心地良い」と、アイデアはつきません。

好きな分野が途中で変わる人もいますが、それはやりながら見つけていけばいい。人間は変わるのは当たり前だ、そんな考え方を認めてもらえる環境だと瑞田君は言います。

「やりたいことと、お金になること、どちらもこれから見つけていけばいい。変わっても良いという環境が心地いいんです」と。

もっとも私は、瑞田君の働き方のケースを、単に「やりたいことを仕事にする」という例だと考えていません。地方の喫緊の課題である人材難を、地方自治体と企業がどう克服するか、そのソリューションこそが課題でした。

その問題に「共感」できる意味を発見し、「自分ごと」として居場所（地元）を捉え、そこに「つくし」ながら新たな関係性（社会）を「つくる」という若者の求める働き方がそこにありました。また、彼にとっても、正確な居場所のニーズを捉えるアンテナがあったことは指摘しておく必要があります。その仕事にはニーズがあり、多くの人に求められていた。ゆえに一ときの感動に「飽きる」ことなく邁進《まいしん》できたのだと思います。

副業という多様性と地方で働くことをいかに結びつけるか

収入のことも聞いてみました。独立したての頃は思うように稼げず、貯金が減っていく一方。１年で数百万円があっという間に消えたそうです。そのときの経験をもとに、瑞田君は「例えば、週３日夕方までで働ける（高齢者向けの就職モデル）を実験的に若い人にも採用してはどうか」と企業に提案しています。それが実現すれば副業も容易になり、複数の企業を股にかけ、５社ぐらい「掛け持ち」で働けるのではないかとも言うのです。

例えば、「週の半分だけ四国電力にいていいよ。副業ＯＫ」。実現すれば優秀な人材を地方に呼びやすくなりますし、そんな人が会社に１割でもいたら、ずいぶん多様性がある「面白い」環境になることでしょう。また一定の収入を得ながら自分の事業にも挑戦できるとあって、より起業などに積極的になれるメリットもありそうです。

国内では、この4月から**ロート製薬が「社外チャレンジワーク」**として正社員約1500人を対象に**副業（兼業）**を導入することが決定されましたが、**その目的は、会社に「多様性」をもたらすことだ**と言います。こうした瑞田君の想いは、会社組織のあり方とサラリーマンの働き方をを根底から変える時期に来ているシグナルなのかもしれません。

また地方で働く良さとして、瑞田君は「スキルに偏りがある人間でも、地方では強く求められることがある」という点を挙げてくれました。東京は競争社会、ポストが足りないため優秀な人材であっても思うように出世できず、かといって出世街道から外れたらやりたい仕事もできません。しかし瑞田君によれば、「地方は会社が潰れる勢いで人が足りていないので、東京より求められている人材の幅が広い」のが実情だという。このままでは会社を継いでくれる人間もおらず、人材不足は地方にとって死活問題になっています。

国を挙げてUターンIターンを支援しているのは、そこに理由があります。地方の人材不足は今後ますますクローズアップされる問題でしょう。ですが同時に、地方の魅力もアピールできるチャンスでもあるはずです。ほかにも瑞田君は「仕事を生み出すうえで、魅力的な取り組みをしていれば比較的容易に決済者に面談の機会をもらえる。地方銀行や鉄道会社の社長でさえも会えるんです。東京ではまずあり得ないことです」とアピールしてくれました。

自分が「やりたい」と建設的に思ったことで行動を起こせば、すぐにレスポンスをしてくれて実現できる可能性が高くなる。それこそ、つくし世代が求める「新しい働き方」だと思います。

大事なのは「誰と働くか」

では、瑞田君にとって「理想の仕事」とは、一体なんでしょうか？

「どの会社で働くかじゃない、誰と働くか。アライアンスが大事なんです」と瑞田君はそう断言しました。どんな単純作業も、共感できる人がいたり、その企業のストーリーに共感できたら、嬉しくて一生懸命に仕事をする、ということです。先に述べたまさに「シェアハピ」のドライブ感です。

瑞田君は、もっと人とつながりたい。信頼関係を築ける仲間を増やしたいと日々感じています。そのうちの一人が一橋大学の先輩で、いま**高松琴平電気鉄道**で社長をしている**真鍋康正**さんという方です。まだ40歳前ですが、メディアにもたびたび取り上げられている存在です。真鍋さんの試みで、ホーム内パブを作ったことが、列車の発着が見えるバーとして、話題になりました。「真鍋さんの会社なら何でもやりたい」と瑞田君は語ってくれます。会社名よりも、誰と働くか。極論すれば、仕事そのものがつまらなくても構わないそうです。

「例えば、面白い農家のおっちゃんとかいる。そんな人と仲良くなれるのは嬉しい。仕事内容はつまらなくても、好きな人と近づけるのが嬉しい」

瑞田君は、もっと人とつながりたい。信頼関係を築ける仲間を増やしたいと日々感じていて、それだけに「人と深くつながることが、お金以上に欲しい」。そういう背景があったからこそ、今の仕事に価値を見出しているのでしょう。彼のように「充実した人間関係」を社会に求めていく若者は、今後もっと増えてくると思います。広く浅く、いろんな人と出会うからこそ、逆に深いつながりを求めたくなる、ということの証《あかし》なのかもしれません。

共感力を企業はいかに提示できるか

次の章で詳しく説明しますが、今後、つくし世代のモチベーションを喚起させようと思ったら、企業は、働くことの目的、ビジョンをしっかりと提示し、若者に納得させる努力が欠かせません。「こんなビジョンを実現するために私たちは存在している」と示すのです。

そこで彼らに「それな！」と共感させることが重要になってきます。この共感力こそつくし世代を突き動かす最大のモチベーションです。企業や広くは社会が、若者のポテンシャルを存分に引き出すには、そうしたビジョンの提起、価値観が急務になります。

これからの時代、「共感」というキーワードはあらゆる場面で大切になってくるでしょうが、なかでも仕事は、共感を抜きにしては語れないものです。例えば共感があれば、前章で触れた、つくしたちの特性である「**他者との協働**」を促すことも可能になります。

他者との協働と言うは易しで、個が立っているつくし世代は、強みはバラバラ、生き方もさまざまなベクトルを向いています。これを一つにまとめるのは、なかなか難しい。無理やり同じ方向を向かせようとしても、かえってそれぞれの強みを殺しかねません。

しかし「何のために働くか」という1点さえ重なればいい。「何のために働くか」が明確で、そこに共感さえできれば、ものすごいパワーを発揮するのがつくし世代です。自分の強みでもって、積極的に尽くそうとするのです。

「ワカスタ」を運営していると、可能性に満ち満ちた「若者のパワー」を実感します。彼らは「自分たちが時代を創るんだ」という気概を持っています。しかし同時に、自分一人が変わったところで、自分が生きやすい社会を作るには足りないと、分かっているのです。自分にとって快適な居場所を「つくる」ためには、もっと「自分ごと」を広げ、他者への想像力を高め、自分の周りを巻き込んで社会を変えていかないとダメなんだ。そんな幅広い視点から、「仲間と一緒に頑張る」というマインドを育てています。

なお、資金がなくてもスピーディに事業化できる**クラウドファンディング**が今トレンドになっていますが、これも共感力を核として成立しているものだと考えられます。「このビジネスのビジョンに私たちは共感する」、その証として資金を援助（投資）する。共感は、働く人だけではなく、お金を出す人（出資者）をも巻き込む力にもなっているのです。

次の章では、若者の協働を促すこれからの「働く環境づくり」について、その方法を議論していきます。

若者がつくし、つくる
居場所③

日本酒を世界へ広めるため、酒蔵ツーリズムを始めました

大手証券マンから「日本酒の魅力」を外国人に伝えるコーディネーターへ転身した若手企業家

㈱アンカーマン代表取締役
和田直人さん

早稲田大学卒。野村證券を経て2014年起業。外国人が日本を求めていることを察知し、大好きな日本酒の「応援団長」として世界にその魅力を発信している。

世界は日本の文化を求めている。そんな空気を肌感覚で捉え、起業した若者がいた。大手証券マンが商売の武器として選んだのは「日本酒」。自らも大好きな日本酒の魅力を外国人に伝え、「つなげる」コーディネーターとして彼は日々活動を続ける。酒蔵と外国人とそして日本社会が幸せになるWIN-WINの関係を築く仕事を始めた若者のお話を紹介する。

◇　◇　◇　◇

新しいことをやるなら、今

和田直人さん（27歳）は、2011年、早稲田大学を卒業後、野村證券に入社し、3年間、無我夢中で働いた。「数字（営業成績）は人格そのもの」という上司の言葉に感化され、優秀な営業成績を収めた。しかし、アベノミクスにともなう株価の急激な上昇などで日本社会を取り巻く新しい時代の変化も和田さんは予感していた。担当は、上野周辺エリア。「浅草や下町が近いこともあり外国人観光客が多数訪れていました」。東日本大震災のあった11年は622万人まで減少した外国人観光客数は15年には1973万人と3倍以上を記録。「新しいことをやるなら今だ」と和田さんは考え、その答えが、「日本酒」だった。

「日本酒の海外輸出額は毎年過去最高を記録しています。和食がユネスコ無形文化遺産に登録されたこと（13年）にも後押しされ日本酒を広く世界へ発展させたいと考え、酒蔵ツーリズムを行うに至ったのです」

和田さんは2014年野村證券を退社、同年5月に「アンカーマン」を創業する。事業は酒蔵ツーリズムの企画・運営と酒蔵の経営支援。特に力を入れているのは外国人観光客に日本酒文化体験の提供だ。都内

外資系ホテルなどのバーラウンジに日本酒を卸しているが、興味を持った外国人を対象に醸造元である酒蔵への見学ツアーを提案している。

最初のツアーは一人だけの参加

舌だけでなく、五感で日本酒の魅力を味わう体験の提供。同企画は日本酒への理解を深めたい外国人の好奇心をつかみ、現在ではSNSの口コミを通じ、世界各地から関心を集めているという。しかし、事は簡単には運ばなかった。当初は外国人への酒造ツアーに抵抗感を持つ蔵元も多く、また参加者も少なかった、と和田さん。

「最初のツアーはイギリス人観光客一人だけの参加でした。しかし、見学先である井上酒造（神奈川県厚木市）の社長が熱心に説明してくださった。それが奏功したのでしょう、その観光客も蔵見学のことを事細かにネットで発信してくれました」

口コミでの広がりによって、本当に日本酒を理解したい外国人の関心を集めるようになった。ツアーを継続するごとに、参加者は増え続けていった。現在では、元来保守的な酒蔵のマインドも良い方向に変化させることができたという確信もある。

「『アンカーマンさんには世話になっている。いつでも酒蔵ツアーで来てください』と言われた瞬間、すごく嬉しかったですね」

彼の行動の成功は、まさに日本酒と外国人観光客と酒蔵をつなげ、「つくす」ことで、誰もが喜びとなる、まさにW-I-N-W-I-Nの関係を「つくり」上げたことにあるのだ。

今後の目標を聞くと、「酒蔵と二人三脚で、ツアー参加のお客様をこれまで以上に喜ばせたいと思っています」とのこと。

広い世界に向けて日本酒の魅力を発信し、他人につくす。訪れた外国人観光客を日本文化でもてなす。このビジネスを通じて、和田さんは日本社会に貢献している。

和田さんのお仕事は、外国人観光客を酒蔵に案内、日本酒製造の現場を紹介し、理解を広めることだ。多くの外国人が日本酒の魅力に引き込まれていく。

第4章

若者が生き生きと働ける環境とは何か

コーディネーターの存在と「ナナメ」の関係

松岡修造
「一緒に頑張ろう！」と呼びかける姿が若者の支持につながっている。
写真提供／産経新聞社

足し算の分業から掛け算の分業へ

共感をベースに若者がつながる現代においては、「分業」のかたちも昔と変わってきています。ここは思い切って、パソコンがなかった時代まで遡ってイメージしてみましょう。手書きで文章を作成する人、郵便を出す人、タイプライターを打つ人と、ベルトコンベア式に役割分担するのが、当時の分業のあり方でした。

ところが現在、デジタル化が進んだことで労働が飛躍的に効率化しました。すべての役割を一人でこなそうと思えばできてしまう。そんな時代において分業とは、役割分担ではなく「得意分野を補い合う」ものになっていくのではないでしょうか。かつての分業が足し算なら、今の分業は掛け算、と言い換えてもいいかもしれません。

そこでフォーカスされるのは、「一人一人が持つ強み」です。これからの分業は、異なる「強み」を引き出し、それを組み合わせることによって行われます。

現に、若者の強みを引き出す試みがいくつもはじまっています。欧米では、**科学**(Science)・**技術**(Technology)・**工学**(Engineering)・**数学**(Mathematics)を意味する英単語の頭文字をとった「**STEM**」と呼ばれる教育を受けた人材が、ITや医療など成長分野の原動力となって活躍しています。

また日本でも、理数系の知識をビジネスの現場で活用できる人材を育成しようと、各大学が知恵を絞っているところです。どちらも「強みを特化して生かし、個を伸ばしていくことが大事だ」という個性尊重教育の、最新形として表れているのではないでしょうか。

なお分業という意味では、「人間とロボットの分業」も議論が進んでいます。２０１５年、「近い将来、仕事の大半をロボットに奪われる」という記事が大変な反響を呼びました。確かに人工知能分野の進歩は著しく、ロボットが人間の仕事を奪う、という話には説得力があります。野村総合研究所は、国内６０１種類の職業について人工知能やロボットに代替する確率を試算し、「10年〜20年後、日本の労働人口の49％が人工知能やロボットで代替可能」とするレポートを発表しました。

ロボットが人間の仕事を奪うと聞くと、では人間は失業してしまうのかと心配になる向きもあるかと思いますが、私はそう悲観的には捉えていません。「ロボットにはこんな強みがあるが、人にはこんな強みがある」と掛け算の分業ができれば、「ロボットに仕事を奪われる」のではなく、「**人とロボットが分業するなかで、人の強みを生かす**」方法を考えられるのではないでしょうか。

「マルチ・ポテンシャライト」という生き方

掛け算の分業が進んでいく中で、今後「コーディネーター」という存在に光が当たると考えられます。

TED（Technology Entertainment Design主催の講演会＝テド・カンファレンス）に登壇して話題になった女性の作家でありアーティストでもあるエミリー・ワプニック（Emilie Wapnick）は、「天職が見つからない人がいるのはどうしてでしょう？」というテーマで講演をしました。

今この時代には、スペシャリストが強く望まれています。若い人自身も個を持っていることは自覚していますし、また「こうありたい」自分像を早くから見つけている。一方で、「こうありたい」という確たる自分像を持たず、それを持つ人に憧れる若者、またそれを持てない自分に劣等感を持つ若者も増えてきています。彼らは、何に興味を持てばいいのかわからない。「こうありたい」と思うものはあっても、それをどの分野で発揮するべきか、多くの選択肢を前に絞りきれずに悩んでいます。結果、「こっちに行ったり、あっちに行ったりしている自分が情けない」とさえいいます。あるワカスタの若者はこんなことを言っていました。

「野菜作りたい！　と思ったらめっちゃ作って、ある程度したら、『こんなもんか』で次に行く。水族館も年間パスポートを買ったのに、ある程度通ったら行かなくなる。ほいほい興味が湧くんだけど、一度体験すると満足しちゃう。スペシャリストにならなきゃいけない。でもこのままではなれないって不安だった」

しかしエミリー・ワプニックは「それでいいんだよ」と、悩める若者たちを肯定しました。全員がスペシャリストにならなくてもいい。反対に、いろんなことに興味をもち、複数のアイデアを結合したり、迅速な学習力や適応力に強みを持つ**「マルチ・ポテンシャライト（Multi potentialite）」**という人材がこれから必要になってくると、問題提起したのです。

自らがスペシャリストでなくても、スペシャリストの強みを統合して、「こういうアイデアで行こう！」と方向づけられる人材。さまざまな強みを持った若者たちを共感させ、協働させることを役割としたコーディネーター的な人材が、これからスポットを浴びるようになる、ということです。

彼がチームの強みを統合するからこそ、異なる強みを持ったメンバーたちが、チームとして機能する。そんな存在がコーディネーターです。異なる個性をただ一カ所に集めるだけでワークするかといったら、そう簡単なものではありません。少し話せば共感するポイ

図7　理想とする男性上司ベスト５	
第１位	松岡修造
第２位	池上　彰
第３位	明石家さんま
第４位	所ジョージ
第５位	タモリ

明治安田生命「理想の上司」アンケート調査（2016春の新入社員対象）より作成。理想の女性上司は、1位天海祐希、2位篠原涼子、3位澤穂希

ントがありそうなのに、それに気がつかず、平行線をたどるケースも少なくないでしょう。コーディネーターは、そんなとき「これとこれは、同じ思想のもとで生まれたものだよね」「こういうふうにしたいよね」等、その場に共感が生まれるきっかけと「熱さ」を提供し、チームをあるべき方向に引っ張っていく役割を果たします。

これは、今の若者が求めるリーダー像、上司像にも重なるものです。上から目線で「やれ」と命令するのではなく、対等な目線で「一緒にやろう」と語りかけるリーダー。自らも熱くなって、目標に突き進んでいるリーダー。「自分ものさし」を持ち、上からの押しつけを嫌うつくし世代は、そんなリーダーを求めています。

「**イクボス**」に近いかもしれません。共に働く部下のワークライフバランスを考え、彼らのキャリアを応援しながら、自らも仕事と私生活を楽しんでいる上司のことです。

日本の有名人に例えるなら、前著『つくし世代』でも指摘しましたが、**松岡修造**さんが

近いのではないでしょうか。ウインブルドン選手権ベスト8の名テニスプレイヤーですが、自分が誰よりも熱くなり、みんなを共感させ、引っ張っていこうとします。実際、明治安田生命が実施した「新社会人が選ぶ理想の上司」アンケートでは、松岡さんが男性上司編の1位に輝きました。松岡さんの熱い名言を収録した日めくりカレンダーが発行部数100万部を超える大ヒットになったことからも、松岡さんタイプのリーダーが好まれていることが推測されます。

学生と接している中で、「コーディネーター」タイプのリーダーと出会うことがあります。ある学生は3人組のリーダー、しかしこういったら失礼ですが、特別秀でた強みを持たない学生だったのです。ただし、共感を引き出すのがものすごくうまい。デザインをする学生、プログラミングをする学生とのチームの中心になり、チームをやる気にさせて、個々の能力を最大に発揮させ、大きな成果を残していました。彼がいなければ、異なる個性はうまく融合しなかったことでしょう。彼にはスキルがなくても、強い想いがありました。その想いが同じ価値観を持っている人間を引き寄せ、また周りを引っ張っていく力になるのです。こうした役割は、これからの時代において大切になってくると思います

しかし、**今の若者の多くは、まだこのコーディネーターの役割に価値を見出していませ**

ん。強みを持っていないと恥ずかしい、もっと個性を出せ、という教育をずっと受けてきており、特別な強みを持たない自分は情けないと考えてしまうからです。でもそんな若者たちも彼の姿を見ると、「自分もここを伸ばしていけばいいんだ」と勇気づけられるはずです。前述の、スペシャリストになれないと悩んでいたワカスタメンバーも「マルチポテンシャライトという能力も必要とされるんだということを知って、めちゃくちゃ感動した！」と言いました。

一方、すでに強みを確立している若者は、彼を見ると「それは逃げじゃん」「強みを持ってない人の言い訳でしょ」という反応をするかもしれません。「強みを持たないといけない」という前提に立っているところが、今の若者です。が、スペシャリストになることだけが強みを持つことではない、「コーディネーター」「マルチ・ポテンシャライト」という新たな強みがこれからはフォーカスされる、と考えるべきではないでしょうか。

プレイヤーとマネージャーがフラット＝対等な関係に

今の企業において、現場プレイヤーとマネージャーの関係性は、**マネージャー＞プレイヤー**になっています。プレイヤーでの実績を積み重ね出世する形で管理職になるキャリアが固定化しているからです。しかし、この企業の仕組みが崩壊しつつあります。

今、マネージャーになりたがらない社員が増えています。これは人材会社が非常に頭を悩ませている問題です。管理職が育たない会社に、管理職になれそうな人材を送り込んでも育つ前に退職してしまう。現場のプレイヤーとして優秀な若者も「プレイヤーのままでいたいから、管理職にならなければ認められない仕組みの会社にはいたくない」というわけです。「自分ものさし」を持ち、好きなことに正直なつくし世代らしい選択です。出世により名声・お金を求める若者は減り、彼らの多くは自分のやりがい重視で好きなことをしたいと考えています。

昔ならば、マネージャーになれと言われたらそれをチャンスと捉えて頑張ろうとしたものです。上の世代には、「会社から言われたからには頑張らなきゃ」という意識がありました。しかし、つくし世代は違います。

「やりたくない管理の仕事を、なんで競争してまでしなきゃいけないんだ。だったら、プレイヤーのままでいい。偉くならなくていい」。これが今の若者の本音でしょう。

おそらく今後は、プレイヤーをやりたい人はずっとプレイヤーを、マネージャーをやりたい人は早くからマネージャーにという形に組織は変わっていくと思います。また出世したら管理職という制度は捨てて、プレイヤーでもスキルがあればどんどん出世してお金をもらえる仕組みに。つまりマネージャー＞プレイヤーではなく、**マネージャー＝プレイヤー**という、**フラット**（**対等**）な関係性がこれからは普通になるのではないでしょうか。

例えば、ある程度キャリアを積んだらプレイヤー職とマネージャー職とでキャリアパスを分けて、自分がどちらの道を選べるか決められるようにする。**プレイヤーよりもマネージャーの方が給料は高いという序列をなくし、プレイヤーのなかでも会社への貢献が高い人は、給料がマネージャー以上になることもある賃金体系に**。そんなイメージです。

それなら、今後はずっとマネージャーは育たないのかというと、そんなことはありません。つくし世代は人に感謝されることにとても喜びを感じます。「あなたがいるから、この組織がうまくいっている。ありがとう」と言われたい。コミュニティにおいて自分が必要とされたい。そんな動機からマネージャーをやりたいという若者も多いのです。先ほどのコーディネーターの存在です。

また彼らがプレイヤーとしては優秀とは限りません。プレイヤーとしては活躍できなくても、マネージャーとして貢献できる人材だっているのです（スポーツの世界でも、プレイヤーとしての能力は高くなくても、監督で活躍している方はたくさんいますよね）。つくし世代にとって、プレイヤーとマネージャーの違いは、適性の違いにすぎません。プレイヤーとして人（会社）に貢献するのか、マネージャーとして人（会社）に貢献するのか。「つくしたい」という気持ちは同じなのです。

先に、コラムで登場した小西智貴君です。彼は中学時代、サッカー日本代表ジュニアユースのメンバーでした。高校進学後、自分本位なプレーが続きレギュラー落ち。選手でありながらマネージャーも兼務することに。しかし彼は笑顔でこう語ってくれました。

「はじめは悔しかったけど、途中からとても楽しくなった。マネージャーを経験して、能力のある人の才能をもっと伸ばす環境をつくることが、本当にやっていて楽しかった。自分が仲間のためにつくすことで、人が輝くのが最高なんです」

つくし世代がキャリアを積むにしたがって、プレイヤーをやりたい人ばかりでなく、マネージャーをやりたい人も増えていくと思います。それに並行して、プレイヤーとマネージャーの上下をなくし、若者それぞれの適性に合わせた配置をすることで、今の日本の企業が抱える「マネージャーが育たない」という問題も解決していくのではないかと私は期待しています。

プロジェクトごとのスタッフィング

また別の視点から考えると、プロジェクトごとにスタッフィングするという組織形態がさらに一般化していくと考えられます。つまり部署は固定化せず、プロジェクトが立ち上がるたびにメンバーが集められ、チームを形成する。その都度、プロジェクトの特性に合わせて、必要な強みを持ったメンバーたちを集結させるのです。

「**チームラボ**」という会社は、この考えをいち早く実践しています。サイエンス、テクノロジー、デザイン、アートを融合させた領域でものづくりを行っている会社ですが、社員はプログラマー、エンジニア、建築家、数学者、デザイナーなど様々な分野のスペシャリストで構成されています。プロジェクトごとに会社の中からスペシャリストが招集され、彼らが刺激し合いながら新しいアイデアを生み出しています。明確なゴールは決まっておらず、「雑談している感覚で新しいものが生まれる感じ」「つくりながらゴールを目指していく感じ」とはじめから枠を設けず、それぞれの強みが最大限生かされるよう、自由な発想でものごとをつくり上げていっているようです。

さらに、プロジェクトごとにリーダーを指名する形にすれば、固定的な管理職が不要になり、前述の「管理職が育たない」問題も解決できそうです。

現状、それは社内のメンバーに限られていますが、今後は社外からもメンバーを集める動きが目立ってくると予想しています。個が立ってくればこそ、組織を離れてフリーランスとして働くという判断もしやすくなるはずです。

労働者全体の1割程度のボリュームかもしれませんが、必要とあればそうやって社外から強みをもった人材を集めて精鋭チームをつくる。そしてプロジェクトが終わったら解散。そういう変化に対応できる、柔軟性ある働き方が必要になってきます。

こうした個人契約のフリーランサーであれば、前述の瑞田くんのように「一カ所では働かない」というワークスタイルを選ぶことも簡単になります。フリーでなくても、複数の会社に所属している人もいますし、また副業を認める会社も増えていくことでしょう。時代は、場所を自由に行き来できる働き方へと向かっています。

餅は餅屋でつながり合う

つくし世代と日々接していると、自分の世代（30代）と比べてはっきりと「進化している」と感じる部分がたくさんあります。

私なりに一番強く思うのは、つくし世代の若者には「**餅は餅屋になれる**」環境があるということ。「自分の強み、長所を伸ばしていこう」とは昔から言われていました。しかし彼らを上の世代と比較すると、その強みを伸ばす能力、そのスピードがとても早い。昔は誰かが指示しないといけなかったり、横について手取り足取り教育したりと、非効率的なことをしなければ人は伸びませんでした。しかし大量の情報に囲まれている今は、一つのテーマに対してあらゆる角度から深掘りできる。やろうと思えば一人でも成長できるのです。

次に、そうしてつくり上げた強みを、融合できる可能性が高いこと。昔は、強みがあってもそれを生かす「受け皿」としての場所が限られていたように思います。正確にいえば、「どこで自分の能力を生かせばいいのか、本人でさえよくわからなかった」。

ところが今、若者は複数のコミュニティ、居場所とつながっています。そのなかで若者たちはお互いに、「あいつの強みはこれ」と把握しています。「自分はこんなことがしたい」と考えている人がいて、また一方に「こんな強みを持っている人が必要だ」と人を探している人がいれば、すぐにでも両者を紹介できる環境にあるのです。共通の知り合いがいなくても、自ら「初めまして、私ならあなたの手助けができるかもしれません」とアプローチすれば、すぐにつながれる。そこで面白い融合が起こることも珍しくありません。

また「自分の強みを人に売る」サービスも登場しています。「**ココナラ**」は個人と個人が1対1でやりとりする「**CtoC**」のサイトですが、イラスト作成や曲作りなど様々な分野で自分の特技を出品できることが特徴。人の役にも立てるし収入にもなるということで、一石二鳥です。

強みを生かし合える、一緒にチームを組める。言葉でいうのは簡単ですが、つながるパワーとしての共感が、そこには必要です。逆に言えば、普段交わる機会が少ない、まったく異なる強みの持ち主どうしも、そこに共感さえあれば「一緒に何かやりたい」と思えるのです。

彼らは本当の意味での**ダイバーシティ**（**多様性。diversity**）を、誰に言われることなく実践しているのかもしれません。

極端な話、50代、60代の人がダイバーシティを実践しろといわれても、これはおそらく難しいと思います。彼らは一つの強みを持つことよりも「**オールマイティー**」「**文武両道**」がよしとされた時代に育っているからです。対照的に今の若者たちは時代環境的にも「自分の強みはなんだ」と自問自答しながら生きていますし、異なる強みを持った他人との協働に慣れています。

ダイバーシティとは、そういう異なる個性を集め生かすことで、変化を続けるビジネス環境や市場のニーズにいち早く対応しよう、競合優位性をつくろうとする考え方です。

事実、異なる個性が集まると、新しいものが生まれるスピードが早くなるとワカスタメンバーの学生を見ていても思います。「発明は、既存の要素の組み合わせ」とよく言われますが、同じことが、「異なる強みの融合」においても起こるのだと思います。同じ強みを持った人間とだけ付き合っていたら、それまでの延長線上にあるものしか作れません。しかし、異なる強みを持った人間が共感によってつながることで、過去にない新しいアイデアが、次々と生まれていきます。

コラボするアーティストが増えてきているのも、そのような背景からだと考えられます。お笑い芸人も、相方とは別の芸人と組んで番組を持つことも増えています。以前ならば、コンビの芸人はいつも二人セットで出演するか、ピンで出演するだけで、今のように相方とは別の芸人と組んで仕事することは、あまりありませんでした。新たな価値を生むための融合ならば、ためらいはありません。それどころか、そこから生まれる変化を楽しんでいるような節があります。

産業界では、業種を超えたコラボが進められています。例えば、「**今治タオル**」は愛媛県北部で120年の歴史を持つタオル産地と、デザイナーの**佐藤可士和**さんのコラボです。停滞していた伝統工芸が、外部からデザイナーを招き、見事復活を遂げました。

また一方では、人との交流の起点となり、コラボを促す環境が用意され始めてもいます。ばらばらのバックグラウンドを持つ人たちが一カ所に集まって仕事をするコワーキングスペースやシェアオフィスが定着していることからも、「人の交流が大事であり、そこから化学反応が生まれる」という認識は、もう十分に浸透しているように思います。そこには「人が人を呼ぶ」エネルギーが渦巻いています。

『ローカル志向の時代』（松永圭子著　光文社新書）では、そのような場がローカルにも誕生し、新たな生態系を形づくっていると指摘されていました。

「（小さなベンチャー企業が集まった）サテライトオフィスは大学みたいに、人とゆるくつながれる」

「魅力的なのは場所ではなく受け入れる人、集まる人も含め、彼ら・彼女らのつながりから生まれる相互の柔らかな関係です」

もちろん、コラボから生まれるアイデアのなかにも、いいアイデア・悪いアイデアがあるでしょうし、多くは世に出ても淘汰されるかもしれません。しかし、そのうちわずかでも、「発明」と呼べるようなアイデアが出てくるでしょう。それを機に所与の「社会はこうあるべきだ」という固定観念や常識が覆され、もっと居心地がよく、もっと素晴らしい社会に変わっていく。つくし世代はこうした動きを牽引していくことでしょう。彼らは自らが所属するコミュニティに「つくす」ことで最適な居場所を求め「つくる」主体であるゆえに、社会変革の当事者になりうる存在なのです。

すべてに共感される必要はない

前述した通り、共感こそ、つくし世代を突き動かす最大のモチベーションです。共感さえあれば、つくし世代は秘めたポテンシャルを存分に発揮してくれると、私は考えています。

ワカスタメンバーの一人は、こんなことを言っていました。

「お金をもらわなくてもやりたいことがある。誰でも使いたくなる商品を作りたい。食器のような愛情が湧くものが作りたい。世の中こういう風になったらいいのにって思うものを実現したい。自分がどうあがいてもできないことは諦めてる。身近なことから変えてみたい。それが自分のやりたいことだったらなおさらハッピー」

これは彼の「働く価値観」を表現した言葉ですが、彼はこうも言いました。

「楽しいことがしたい。自分以外にも楽しいと思ってくれる人がいるはずだし、それが結果、世の中のためになるから。自分が作ったもので感動した！　いい！　って思ってくれる人がいたら、もっと頑張ろうと思える」

彼は共感が生み出すパワーとそれが社会にもたらす大きなインパクトを自覚しています。

昔の人は「**義理人情**」で動きました。その人が何をしていてもどんな価値観を持っていても「義理があるから」ということで、手を貸しました。ところが今の若者は、義理人情では動こうとしない、悪く言えば「ドライ」な世代です。今は「その人が一個人が何を思っているのか、どんな働きかけをするのか」こそが大事になっています。つくし世代は、そこに共感して動く。共感以外では動かないといっても、言い過ぎではないと思います。

それはまた、「すべてに共感してついていくことはない」ということでもあります。ワカスタを運営していると、私を慕ってくれる若者も多いのですが、彼らは私のすべてを尊敬してくれているわけではありません。

「この部分はすごいけど、この部分は自分の方がいい」

などと、ちゃんと共感できる部分のみを「チョイス」しているのです。私だけではありません、何人もの人のなかから共感できる部分をチョイスしている。時代のカリスマであったスティーブ・ジョブズ(Steve Jobs)やマーク・ザッカーバーグ(Mark Zuckerberg)に憧れることはあるにせよ、「ここは共感できる、ここは共感できない」というポイントがはっきりしています。価値観を持たない人間がカリスマを無条件に全人格を信奉する態度とは対極です。やはり、あくまで「自分が主役」なのです。

こうした共感によって仲間が増えていくほど、世の中を変えていくパワーが増大していきます。一人では諦めてしまうようなことも、みんながいるから頑張れる。「きっと無理」を「なんとかしよう!」に変えるパワーの源が共感なのです。個が主役の時代にあっては「共感しないと何も始まらない」。彼らが誰かのために「つくす」のも、自分の価値観に合うか合わないかがスイッチになっています。

では、どうしたらそのスイッチを押すことができるのでしょう?

共感のキーワードはやっぱり「それな!」

今必要なのは、若者が共感し、「つくす」ためのスイッチが押される環境を、上の世代が整えてあげることだと私は考えています。

現状、若者のなかには「何か行動したくても一歩踏み出せていない」若者が少なからずいます。しかし、そんな彼らもまた、ボランティアやインターンに参加し、多くの人と「ゆるくつながる」なかで、何かきっかけを見つけようとしているのです。

「何かやりたいけど、やれていない」。そのようなready《レディ》(準備)状態にいる人をもっと生かしていくべきだと思われます。

そのために大切なのは、まず「若者の価値観を受け入れること、理解すること」だと思います。つくし世代は、まず、相手を味方だと思わないと、なかなかポテンシャルを発揮できません。「この人からは共感が得られない」と感じると、そこで心をシャットダウンしてしまうのです。ですからまずは、仲間だと思ってもらうこと、味方だと思ってもらうことが先決になります。

ここで、昔と今とでは共感の意味合いが大きく変わっていることを、改めて認識しておく必要がありそうです。

昔の共感は「あーそうか!」。そこには「初体験」へのサプライズがあり、自分のなかになかった「未知」のものに心が震える感覚がありました。言い換えれば、情報環境がアナログで整備されておらず、個々人の体験が公共の記憶として形式化され得ず、常に個々人のオリジナルな発見として感じられるサプライズが反復されていたのかもしれません。**ところが現在の若者は、既に先行世代の記憶がネットというデジタル媒体を通じて編集記憶され、データベース化されています。ゆえに若者は、誰かの「経験」を既知のものとして位置付ける視野を持っているのです。**

そんな時代があって若者にとっての共感は、自分のなかにある確固とした価値観があり、それに近い何かを見つけたときの喜びを表現しているとは言えないでしょうか。自分のなかに答えがあり、そこにスポッとハマる感じ。新しい発見に驚き、感動が響き合うというより、「待っていたものが来た！」という喜びの感じに近いと言えます。長年探していた物がひょんな時に押入れの（データベース）なかから「出てきた」感覚に近いのではないかと思います。

前述しましたが、今の若者は、そんな「**来た！**」というニュアンスを「それな！」という一言に込めて表現します。日常会話やSNSでやりとりするときに頻繁に使う言葉です。軽く短い言葉ですが、そのぐらい彼らにとってその喜びの共感は身近なものです。

私自身、若者と接するときには「それな！」を心のなかに用意しています。私は年長者であり、彼らの話を聞いていると「こうしたほうがいいよ」と言いたくなることもあるのですが、彼らは自分とは違う価値観を持った世代、その意見ややり方を尊重したいと思っています。かといってあまり強い言葉で共感を示すのも、彼らには「ちょっと違う」と引かれてしまうかもしれません。だから「それな！」。わかるよ、共感しているよと軽く伝えられる言葉です。

彼らの「それな！」を引き出すには、こちらが「共感してもらう」に十分な情報を発信することも大切です。要は、彼らの価値観にハマるものをこちら（上の世代や彼らを雇う企業）が提示できるかどうかにかかっています。もちろん若者全員に共感してもらうのは現実的には難しい。彼らの価値観は十人十色、それに合わせようとするのも限界があります。むしろ、相手に合わせようとするのではなく、こちらの価値観をしっかり発信することに徹したほうがいいのです。要するに、本音を言うこと、心を開いて発信することです。

そこで共感を呼ぶために重要になるのは、「**What**《ホワット》**（何）よりもWhy**《ホワイ》**（なぜ）**」です。何をやるかよりも、なぜやるのか。この想いにこそ、人は共感するからです。マーケティング・コンサルタントの**サイモン・シネック**（Simon Sinek）氏は、ＴＥＤの講演において「優れたリーダーはどうやって行動を促すか」をテーマに語りました。彼はアップルを例に出しこんなことを言いました。

「我々のコンピュータは素晴らしく、デザインは美しい。簡単に使えてユーザーフレンドリーです。一ついかがですか」。これではアップル製品を欲しいとは思えません。

Whyを語ると、こうなります。

「我々のすることはすべて世界を変えるという信念で行っています違う考え方に価値があると信じています。私たちが世界を変える手段は、美しくデザインされ、簡単に使えて親しみやすい製品です。こうして素晴らしいコンピュータができあがりました」

これならアップル製品が欲しくなる。違いは、そこに共感があるかどうかです。

広告一つとっても、WhatからWhyへと変化しています。社会が成熟し、人々が何不自由なく過ごせるようになったことで、モノを単純にアピールされても欲しいとは思わなくなりました。どんな変化を目指してその商品は作られたのか、その想いが伝わることで、自分の生活に何をもたらしてくれそうなのか、を消費者は感じ取るのです。

若者の背中を押すきっかけづくり

もう一つ若者の働き方を論ずるうえで、上の世代が心がけるべきだと思うのは「彼らにチャンスを与えること（環境を用意してあげること）」。これも、ready状態の彼らの背中を押してあげるきっかけづくりです。つくし世代は「どんな人にも必ず良いところがある」ということを経験的に知っています。だからこそ自分は誰かを支えることができるし、また自分も誰かに支えられて生きてこられた。彼らは「つくし、つくされる」という感覚を持ち合わせています。

その「良いところ」を発揮するきっかけや場所が企業から提供されたら、彼らもうまく仕事をするに違いありません。これまで説明してきた通り、友人同士のネットワークのなかでは早くから実現しているのですから。

サイバーエージェントはその筆頭格です。多くの子会社を立ち上げて分社化している同社では、その社長に新卒の若者も就任させています。サイバーエージェントの**藤田晋**《ふじたすすむ》**社長**と社員との距離感も近く、普通にフェイスブック上でメッセージを送れるとか。例えばSNSで藤田社長が「こういうことやりたいなぁ」と独り言をつぶやくと、社員が「やらせてください」と送る。事業に可能性があると見れば、すぐに社長就任が決まります。

通称「新卒社長」は現段階で40名にのぼり、なかには「内定」段階で社長に就任した若者もいます。ほんの1年前まで学生だった若者でも裁量を与えて好きなようにさせると、「会社をいっぱしに育てたい」「もっとこの会社で社会を良くしていきたい」というモチベーションでどんどんチャレンジするようになり、人材育成が進み、なおかつ会社を成長させる原動力になる。藤田晋社長によれば、「サイバーエージェントの歴史を見ると、会社を支える重要な事業の多くが、新卒5年以内の子会社社長によって立ち上がったもの」(『日本経済新聞』電子版2015年9月2日)だと言います。

これはつくし世代若者の働き方を考えるにあたって大きな示唆を与えてくれる試みだと思います。

もう一つの事例として紹介するのが、**ヤフー(Yahoo!)**です。言わずと知れたネットベンチャーの元祖的企業ですが、今となっては**グーグル(Google)**に比べるとどこか「ダサい」イメージが若者にはあり、「おじさんが使っている」印象すらあります。ところが近年、そのイメージが覆り、「ヤフーかっこいいよね」という声が上がるようになっています。きっかけはおそらく2012年のトップ交代ではないでしょうか。新CEOの**宮坂学**《みやさかまなぶ》氏は「**迷ったらワイルドなほうを選べ!**」という力強いメッセージを打ち出し、それに合わせてロゴも刷新されました。

特筆するべきは、マネジメントにおける新しい試みです。社員は、社内で上司との1対1のミーティングを毎週開き、社員本人も気づかない才能などについて話し合う。役職者が集まって社員一人ひとりをどう伸ばすかを議論する制度もできました。若手を推すきっかけをつくる、会社の都合ではなくその人が置かれた文脈を理解し、「味方だよ」と寄り添ってあげるような取り組みだと言えます。ヤフーのピープルデベロップメント統括本部長の本間浩輔氏は「**社員を組織の枠にはめるのではなく、社員の強みに会社を合わせる**」（『日本経済新聞』２０１６年1月25日付）とすら発言しています。

非常に意欲的です。一般的に、大企業になればなるほど「価値観を一つにしなければいけない」と思いがちです。ベンチャー企業も、成長するにしたがい、そうした組織の論理、思い込みに囚われていきます。

ですが現実には、若者の価値観は多様化する一方であり、社員全員を同じ方向を向かせようとマネジメントするなんて、実は、初めから無理な話です。ならば、「この価値観はこの部署に配置する」など、若者それぞれの強み、共感を配置できるポイントをいくつも作ればいい。ヤフーが実行したのはこれです。こうすることで「この人の所へ行きたい」と思えるような、企業内でも共感し合えるチャンスを多く創出できます。会社が主役ではなく、そこで「働く個人が主役」である。これからの企業作りを示してくれるエピソードだと思います。

残念ながら、まだ多くの企業では「どれだけ根性を持って仕事をこなすか」「必死になって働いた分だけ成長する」という育成方針が根強く残っています。極論すれば、企業自身も、自分たちの価値観に合わない仕事にもただひたすら耐えられる「**ブラック企業適性の高い人**」を高額なお金を払って採用するという、ムダなことをしているように思います。

ですが、本来、自分の価値観に合わない押しつけを嫌う今の若者が、そうした非合理な「根性」を社員に求める会社に定着できるはずがありません。結局のところ、企業は、「ブラック化する」ことで、自分で自分の首を絞めているのです。それに前述の通り、単純な労働力が**ロボット**に**代替**《だいたい》（単純労働のコモディティ化）される日はすぐそこまで迫っています。ロボットにはできない何かを生み出すのは人間の「好き」という好奇心のパワーです。強制的な労働の時代は終わる予感がしています。

上の世代の価値観を押し付けるのではなく、若者の価値観を尊重する。これは、上の世代が上司となってつくし世代の部下を育てる際も重要です。

職場に若者の居場所をつくる3つのテクニック

次に、企業はどうしたら若者の共感を得て、彼らの働くモチベーションを引き出すことができるのか、つまり彼らにとっての心地よい居場所になれるのか、具体的なテクニックを紹介していきたいと思います。

クラブような盛り上がり見せた「SLUSH ASIA」
写真提供／SLUSH ASIA　撮影／Jussi Hellsten

テクニック① 若者の文脈に乗る

テクニック一つめは、「若者の文脈に乗る」ことです。

２０１５年４月、東京のお台場で「ＳＬＵＳＨ ＡＳＩＡ」というイベントが開催されました。内容はベンチャー企業の合同会社説明会なのですが、ノリはクラブのイベントさながら。「世界を変える起業家やイノベーターはかっこよく、若者に憧れられる存在である」という想いのもと、ロックコンサートのような派手で魅力的な演出を行っています。イベントの目的について、主催者はこのように語っています。「最初からグローバル」を当たり前に／イノベーションを生むオープンなコミュニティをつくる／「スタートアップはカッコいい」を見せたい、と。

具体的な内容は、世界をリードするゲストスピーカーによるトークセッション、ステージに立つ権利を勝ち取ったスタートアップによるピッチ、スタートアップや投資家など会場内の参加者同士のミートアップなど。会社説明会というと「講堂でみんな座って講義を聞く」イメージがありますが、それを刷新するインパクトがありました。

「SLUSH」はもともと、フィンランド発の若者ムーブメントです。起業家志向が弱かったフィンランドの若者の意識を変えようとスタート、2008年の初開催では参加者は200名程度だったのが、たった6年で世界約80カ国から1万4000人の来場者が訪れる大イベントになりました。そのアジア進出の第1回目が今回だったのですが、大成功を収めたようです。

SLUSH ASIA事務局リーダーの大塚智子さんは、「ヘルシンキで見たあの学生たちの目の輝きが、国境を越えてアジアでも生まれたら、世界は変わると思った」と語っています。

若者たちの共感を得るためには、まずは彼らの価値観と近い文脈でアプローチすることが必要です。講義形式で会社の説明をするよりも、彼らが親しんでいるクラブの雰囲気で説明したほうが、「自分と価値観が近そうだ！」「俺たちのこと分かってくれてる！」と、受身ではなく能動的に興味を持ってもらうことができ、共感の可能性がぐっと高まるのです。

テクニック② できるやつとの接触

共感させるテクニック二つめは、同世代の「できるやつ」との接触です。

これは、前述したつくし世代の増原君がプログラミング塾で実践していること。勉強に身が入らない学生に対して「お前ダメだぞ」と技術習得の低さを叱っても、それは叱っている人の価値観の押しつけにすぎず、「響かない」と増原君自身が感じていました。

ここではむしろ、「そんなこともできなくて俺、恥ずかしい」と思わせることが大事だといいます。若者自身の価値観を振り返らせ、「このままではダメだ」という「気づき」の自覚させるのです。自分ものさしで判断させるのです。

具体的には、同世代のできる人、頑張っている人を紹介して、話をするだけだそうです。増原君がしれっと「週何時間くらい勉強やってるの?」などと、「できるやつ」に質問して、その答えを、指導したい学生に聞かせる。そうして「やばい、自分もそのぐらいやらなくちゃ」と思わせる。効果覿面《てきめん》だそうです。

10代限定のSNSの「THINKERS（シンカーズ）」も、同世代の「できるやつ」との接点になっているようです。もともとは学校の範囲を超えて若者同士が学び合う場を提供することが狙いでスタートしたもの。例えばシンガポールで行われた高校生のリーダーサミット出場者がプレゼン資料をシェアしたところ、その見事な資料に刺激を受け、会社を起業する学生が現れたと聞きます。

テクニック③　ナナメの関係づくり

テクニック三つめは、「ナナメの関係をつくる」ことです。

ここでいう「ナナメの関係」とは、利害関係のある親や先生、上司の「命令的」な関係すなわち「タテの関係」ではなく、同じ視点になりがちな友だち、同期、同僚などの「対等で気楽な」すなわち「ヨコの関係」でもない、一歩先を行く先輩からの「助言」という関係性のイメージです。

特に「タテの関係」である、親や学校の先生、上司の言うことは右肩上がりの時代だけに通用した常識に過ぎず、日々変化を余儀なくされる時代において自分が生き抜くために直面する課題や問題のソリューションとして確度は低く、とても信用できません。それなら、**同じ時代に生きて、自分ごととしてともに悩み、仕事（課題）に取り組んでいる「ちょっと上」の先輩の意見や知見のほうがよほど参考になるのではないでしょうか。特に自分が共感し、「かっこいい」と思う先輩に言われたら、なおさらそう思うわけです。単なる命令でもなく、かといって「ヨコの関係」のような親しみやある種の無責任さとは一線を画す関係。「ナナメの関係」とは、そうしたリスペクト（尊敬）を推進力にした「チーム（組織）」のコアになり得る関係**だとも言えるでしょう。

　そこで、若者たちが働きやすい環境づくりのひとつの手段として、「ナナメの関係づくり」に着手している企業があります。私が現在、勤務しているＡＤＫの「**相棒採用**」を紹介します。

　新卒採用は、通称「相棒採用」。２０１６年から始める新しい取り組みです。

　まず約90人の優秀な先輩社員を相棒として学生に公開し、インスタグラムを通じて、朝飯、打ち合わせ、出張といった彼らの１日の行動をくわしく伝えます。その他にも直接会って話のできるイベントへの参加を通して、先輩社員はこんな生活しているんだ、この人はこういう想いで仕事をしているんだと、学生たちが分かるように、社員の「素の部分」をさらけ出します。

すると学生たちは、「この人となら価値観が合う」「一緒に働いてみたい」と思えるような、「ナナメの先輩」を見つけるのです。次に、学生に5人の先輩を選んでもらい、そのなかから実際に相棒につく先輩が決定します。1次面接は、その先輩本人が行います。先輩社員にしてみれば、自分を慕ってくれた学生の採用不採用を決めるので心苦しい面もあるのですが、逆に学生の立場からすれば、採用されたときは「自分が一緒に働きたいと思った先輩社員が認めてくれた、この人は味方なんだ」という嬉しさがある。この時点で、かなり密な「ナナメの関係」ができあがっています。

1次面接を通過すると、本格的に相棒の関係がスタートします。先輩社員のフォローを受けながら、2次3次の面接を通過していきます。入社した後も「ナナメの関係」は続いていきます。先輩社員と同じ部署に行くとは限りませんが、「今、こんな部署でこんなことをやっているんですが、先輩どう思います?」と相談できる相手として付き合っていくことができます。もちろんその相談内容が先輩を通して直属の上司に報告されることはなく、したがって直属の上司には言えないことを話す、いわば「裏アカ」のような関係性が

2016年度より「ナナメの関係づくり」を新卒採用で実践するADK
写真提供／ADK

続いていくと考えられます。

今年からの試みなので、うまくいくかどうかまだわかりませんが、私たちは「ADKで働きたい」と思ってくれる学生が増えてくれることを期待しています。

この背景には、やはり「若者が会社を数年で辞めていく」問題や、ADKで内定を出しても、優秀な学生を他社に取られてしまうという問題がありました。ADKはその原因を「共感の不足」「がっちり握手している部分がないから」と分析。では、どうしたら「ADKで働きたい」と思ってくれる学生が増えるのか。その最新の答えが、相棒採用です。

学生たちは、先輩社員の働く姿を通じて、「みながどういう想いで働いているのか」、入社前から理解していきます。また「相棒」を組んだ学生にとっても自分が先輩社員から「承認」されていることをよりリアルに感じていけることができると思います。

重要なのは、決して、学生を説得しているわけではない、というところです。説得は価値観の押しつけ。言い換えれば、「命令」。すなわち「タテの関係」です。先輩が共感を得るには、自分も頑張っている姿を見せて、そこで学生自身に判断してもらうほうがいいと判断しました。

私自身、この「ナナメの関係」は「相棒採用」に限らず、これからの時代に必要な関係性ではないかと考えています。特に若者とともに密に向き合い「ワカスタ」を運営するようになった2012年9月から、**彼らの可能性とパワーを最大化できる関係は「命令(タテ)」でもなく「馴れ合い(ヨコ)」でもないこの「ナナメの関係」であると実感しています。**彼らとともに「つくし」合い、「共感」し合い、「つくり」あげるという創造力のパワーを生み出せた経験が、今の若者をつくし世代と定義することに直接的なきっかけになりました。

若者がつくし、つくる
居場所④

故郷がなくなるかも……、という危機感が起業の理由です

故郷の「農村消滅の危機」をゲーム会社で培ったコンテンツ力でチャンスに変えた社会起業家

少子高齢化・人口減少率「日本一」の秋田県の問題を「故郷がなくなる！」と「自分ごと」として捉え、ならば、その現状を「楽しく変えよう」と思った若者がいた。武田昌大さん（30歳）「人の心を動かしたい」と東京のゲーム会社に勤めていた彼が、起業でチョイスしたのは「農業」。コンテンツ力を駆使し、都会と田舎を「笑顔でつなげる」仕事をはじめた若者のお話を紹介する。

◇◇◇◇

「逆境こそチャンス」と粋に発信

武田さんが起業した事業は、大きく二つだ。「農業活性事業」（2011年）と「古民家活性事業」（2015年）。

前者は、米どころ秋田県の美味しい単一農家米を消費者に届けるため、ネットを通じて情報発信。販売や飲食店への卸売、体験イベントなどの独自販路を拡大。出荷量は初年度から60倍に伸ばし、全国に3000人のファンを獲得。現在も全国に大手百貨店「高島屋」などに販路を拡大をしている。

後者は、秋田県五城目町にある築133年の茅葺古民家をリノベーションして会員制のゲストハウス「シェアビレッジ」をオープン。「『年貢』を納めて『村民』になろう！」と故郷を失いつつある都会の人の琴線に触れる方法で発信。多くの「それな！」と共感を呼び、クラウドファンディングも成功。「寄合」を毎月都内でも開催。コミュニティの拡大で全国に1200名の「村民」を集めた。昨年、開催した夏祭り「一揆」では300人の集客。

両者ともネットでの〝粋な〟「発信」から共感を生み、田舎と都会の新たな「つながり」をビジネスとして拡大。こうした起業のきっかけを彼は笑顔で語ってくれた。

㈱kedama代表取締役
武田昌大さん

デジタルハリウッド大学院卒。ゲーム会社を経て起業。「シェアビレッジ」はグッドデザイン賞2015でベスト100・特別賞ふるさとづくりデザイン賞を受賞。

「日本の原風景を守りたい」という武田さんは極めて現代的に訴えた。米も古民家も「守るべき」と多くの人に「共感」が連鎖拡散されたのだ。

「自分は人の心を動かす仕事がしたい！と思いデジタルコンテンツ業界に飛び込みました。でも、それって東京でもゲームでなくてもできるんだと気づいたんです」と。

その「気づき」は、少子高齢化による人口減少が故郷秋田の農業の窮状という逆境「自分ごと」と捉え、新たに「コンテンツ」としてSNSを通じて発信したことにある。いわば彼がゲームのプレイヤーになったのだ。

「元々、田舎が嫌で上京し、デジタルハリウッド大学院でコンテンツ事業を学び、就職先のゲーム会社でも、充実した日々だった」と武田さん。ところが正月休みに帰省した際に「人がいない！」風景に衝撃を受けたという。

「このままではいけない」と危機感を持った彼の決断は早かった。都会と田舎をつなぎたいと思ったのだ。

「故郷愛」が芽生えた武田さんは、具体的な行動を起こした。実家は農家ではなかったが、3カ月間かけて100人の農家を回り、若い世代の仲間に呼びかけ、ネットを介した米の販路拡大を発信し事業化した。

そして、2014年春、解体されそうだった茅葺古民家と出会い「日本の原風景を次の100年に残したい」、そう思った武田さんは「シェアビレッジ」をはじめたのである。

深刻な故郷の危機を「年貢」「寄合」「一揆」という言葉で発信、その言葉の持つ歴史的意味まで「リノベーション」させるユーモアで多くの共感を呼び、集客に功を奏した。しかも、それは地縁、血縁から疎遠になった都会人の「つながり」への渇望さえも埋めるまさにWIN-WINの戦略。本年、さらに香川県に第二の村がオープンするとか。そんな彼の将来の夢は堅実的だ。

「いずれは秋田で家庭を築くつもり。それまでは子供たちが自分の夢を叶えられる環境づくりです」

第5章

恋愛、結婚、家族よりも優先されるもの

つくし世代の恋愛・結婚・家族観

親ラブ
今どきの親子は友だちのようなフラットな関係であることが多い。

恋愛も家族も優先順位が下がった

この章では、つくし世代の若者たちの恋愛や結婚、家族のあり方の変化を見ていきましょう。

「自分が主役」の傾向が強くなった若者たちは、数多くのコミュニティに属しながら生活しています。バイト先であれ学校であれ会社であれ、「何か一つに属する」という感覚がありません。過去に属したコミュニティもリセットされることなく、どんどん増え、蓄積されていく。これが、会社や学校などの組織だけでなく、家族や恋人とのつながり方にも色濃く反映されているように思います。

端的に言うなら、唯一無二の関係性がなくなった、ということです。コミュニティが増えすぎたことで、恋愛や家族ですら「**そのうちの一つ**《ワン・オブ・ゼム》」に過ぎなくなりました。晩婚化や恋愛に消極的な若者の増加も、結婚や恋愛の価値が下がったというより、ほかのコミュニティが増えたことで、優先順位が相対的に下がったと解釈するべきだと思います。

家族がフラットな関係に

まずは、家族について考えてみましょう。一昔前の家族には、漫画『巨人の星』の星一徹・星飛雄馬親子に見るように、家長の言うことを無条件に聞く**主従の関係**がありました。

しかし今は、家族それぞれが居心地のいいコミュニティへと変貌《へんぼう》しています。

家族の形態も変わり、父が大黒柱として君臨することが居心地が良いという昔ながらの家族もあれば、「**友だち親子**」「**兄弟親子**」のようにフラットな親子関係が心地良い家族も増えてきました。

また『日本経済新聞』（２０１５年11月29日付朝刊）には、このような記事が掲載され、話題となりました。


娘を望む人が増えている。家の跡継ぎとなる息子を希望した「父系社会」が崩れるなか、娘を中心とした「娘社会」ともいえる現象が少しずつ現れている。

「息子と娘、どっちが欲しい」というアンケートをとった結果、圧倒的に「**娘が欲しい**」という声が増えたそうです。これは親の意識変化を反映したもので「跡取りが欲しい」から「コミュニティを持ちたい」に変わっているためです。息子よりも娘のほうが話し相手になるし、巣立ってても戻ってきてくれる、そんな期待があるようです。「家族」とは、以前は絶対的な異次元の組織であり、友だちや学校、職場といったその他のコミュニティと同列に比較されることはなかったと思いますが、今では同じ土俵に並んでいます。

こうした現象のおおもとには、「個人主義化」があると考えられます。教育は個性尊重教育に。家庭内環境は、子供が個室を持ち、テレビも一人1台持つようになった。デジタル環境も変わり、携帯電話も一人ずつ所持しています。こうした環境では「家」という概念を意識する機会がほとんどありません。

ただしそんな時代においても、コミュニティには優先順位があり、おそらく家族が一番であることは変わりがないでしょう。家庭は自分のすべてをさらけ出せる場所。ワカスタの若者からは「1日に100回以上親とLINEする」という話を聞きました。「親ラブ」という言葉も現代的です。これまで、一定の年齢を過ぎると子どもにとって親は疎ましい存在になると考えられてきましたが、逆に「親が一番」という若者が増えてもいるのです。「高校生の娘が父親と一緒にお風呂に入る」「家族皆がLINEグループでやりとり」なんて、上の世代にはにわかに信じがたいのですが。彼らは、人間関係が複雑になると、やはり最後に信じられるのは親。親にはすべてをさらけ出せるというわけです。

しかし、この家族関係は明らかに昔の家族付き合いの姿とは違っています。若者は各コミュニティで自分が居心地が良くなるようにキャラを使い分ける一方で、コミュニティを守ろうと意識するあまり本音を吐露《とろ》できない「もどかしさ」を感じているようです。ゆえに家族に「回帰」していると見るべきではないでしょうか。

それでも「家族こそが唯一無二」とはいきません。結果、離婚率は高まり、２回、３回と結婚・離婚を繰り返す人も、これから普通になっていくことでしょう。つくし世代は変化を受け入れるのが当たり前。20代の自分と40代の自分とでは、生きている環境も当然変わり、一緒に住みたいと思う相手も変わる、と考えるのが自然だからです。それこそ、子育て時のパートナーと、老後を共に過ごすパートナーでは変わってもいい。また、いっそ結婚しなくてもいい、事実婚でも構わないという判断もあり得るのです。心地良い居場所づくりの観点からすると、家族の形はまだまだ選択肢が増えていくと考えられます。

「Share《シェア》金沢」はそんな新しい家族の形の一つかもしれません。１１００坪の敷地内に「障がい者施設」「児童養護施設」「ケア付高齢者住宅」が混在し、子供も学生も高齢者も、健常者も障害者も隔てなく、お互いに関わり合いながら一緒に暮らしています。それはまるで「地域」サイズに拡大した家族のようです。

「子育て」をシェアしようという機運も高まっています。「AsMama《アズママ》」は顔見知りの知人同士が保育園の送迎や託児などで助け合うサービス。子育てをしながら働きやすい社会を新しいコミュニティによって実現しようとしています。これもまた、新しい家族のあり方と言えるかもしれません。

つくし世代の結婚観

恋人は無理につくろうとは思わない。恋人がいなくても、いろんなコミュニティに関わっていれば、孤独を感じないで済む。つくし世代の偽らざる本音です。ADKの調査において も、18～29歳男性の約6割が「パートナーがいない」、また35％の男性が「一度も恋人ができたことがない」と答えています。

かつて恋人といえば「自分を一番に考えてくれる」存在でした。しかし今はいろんな工夫を凝らし、複数のコミュニティのなかに生きているため、そうしたさみしさが薄れています。わざわざ恋人をつくらなくても、相手にしてくれる人が他にいるからです。「恋人も一つのコミュニティ、なかったとしても別のもので代替できる」という考え方が、透けて見えます。

近年の晩婚化も、そのあたりに背景がありそうです。今の若者は「この人！」と思う人

図8　男性の約6割にパートナーがいない　また、35%の男性に一度も恋人ができたことがない

Q. あなたは現在恋人がいますか？もしくは結婚していますか？

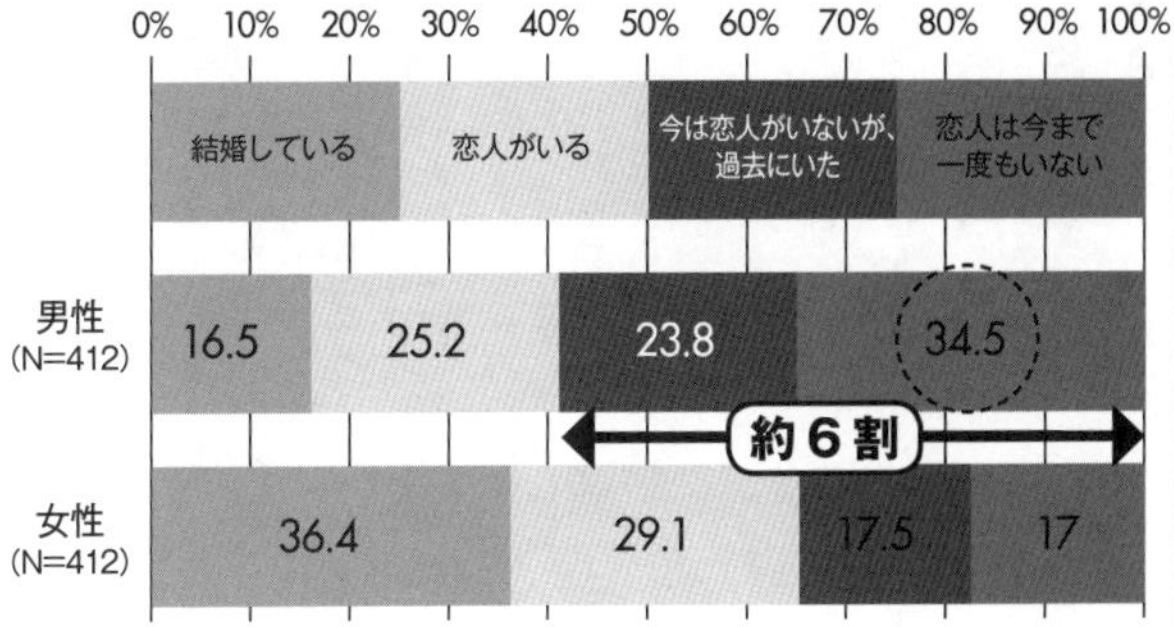

「ADK オリジナル WEB 調査」2016.3
全国 18-29 歳男女 824 名（男性 412 名、女性 412 名）

「今は恋人がいないが過去にいた」「恋人は今まで一度もいない」と答えた男性は、合わせて約 6 割。女性は約 35%にとどまっている。

図9　結婚相手に求めることは男女ともにダントツで「価値観が合う」

Q. あなたが結婚相手に求めることは何ですか？
あてはまるものをすべてお選びください。　※未婚者で結婚したい人ベース

男性

1	価値観が合う	78.9%
2	思いやりを感じる	61.3%
3	癒される	50.8%
4	家族を大事にする	49.6%
5	顔が好み	42.2%
6	家事に協力的	41.0%
7	浮気をしない	37.9%
8	食事の好みが合う	32.8%
9	自分を成長させてくれる	30.5%
10	自分を異性として扱ってくれる	26.2%
11	生まれ・育ちがいい	12.1%
12	経済力がある	10.5%
13	その他	1.6%

女性

1	価値観が合う	88.6%
2	経済力がある	60.3%
3	家族を大事にする	79.9%
4	思いやりを感じる	79.5%
5	浮気をしない	61.6%
6	家事に協力的	55.0%
7	癒される	42.8%
8	食事の好みが合う	42.4%
9	自分を成長させてくれる	37.1%
10	自分を異性として扱ってくれる	36.7%
11	顔が好み	35.8%
12	生まれ・育ちがいい	16.2%
13	その他	2.6%

「ADK オリジナル WEB 調査」2016.3
全国 18-29 歳男女 485 名（男性 256 名、女性 229 名）

男女それぞれの傾向はあるものの「価値観が合う」ことを最も求めている点では共通している。

が現れるまでは、積極的に結婚しようとはしません。その一方で、大学時代の恋人と結婚し、若くして専業主婦になる女性も増えている。この二極化は興味深いところです。「これ！」という人と出会えたらすぐに結婚、そうでない場合は**晩婚化**。「自分の価値観を曲げないでいられる伴侶《はんりょ》は誰？」と、多様な選択肢のなかから選ぼうとしているうちに目が肥えて、誰も選べなくなってしまう……。そんな結婚事情が見えてきます。

自分主役の彼らにとって理想の結婚相手は、もちろん共感できる人。（ADKの調査でも、男女共に結婚相手に求めるものとして「価値観が合う」がダントツで1位という結果でした）。しかも、彼らが求めているのは、100％共感できる人です。友だちや職場の仲間であればある一部分でも共感できればつながっていられるけど、四六時中ともにする家族になる人はそうもいかない。より多くの面で共感ポイントが必要になってくるのです。でも当然ながら、そんな理想の相手と大学時代に知り合い、すぐ結婚にいたるのはごく一部の人に限られています。そうでない人は、どこか妥協ポイントを見つけなければ、なかなか結婚できないのかもしれません。

若者の結婚離れが進む中、とくに地方ではこのままでは人口減少に歯止めがかかりません。これを懸念する地方自治体が、高校生を対象に、結婚・出産を考えさせるイベントを始めています。恋愛や結婚を身近に感じさせることで、「早めに結婚してもいいかも」と思わせ、県内での子育てを選択肢に入れてもらおう、という狙いがあります。このイベントを通じて、結婚を視野に入れた人生設計を真剣に考える若者が増えたという反響も聞いています。今後こうした地方の試みが増えていくかもしれません。

リクルートマーケティングパートナーの「高校生の結婚観」調査（2014年4月）によれば、「結婚したい」と「結婚できる」の差が著しく開いていることがわかっています。結婚したいと答えた人が75％、結婚できると思うと答えた人が33％でした。でも「結婚したい」がどこまで切実かは疑問で、「将来的にさみしいから」という人が多い印象です。「漠然と結婚したい、でも今の自分では…」このあたりが若者の本音ではないでしょうか。

彼らが結婚を躊躇《ちゅうちょ》するのは、金銭面の不安によるところが大きい。よく言われることですが、年収額によって結婚している人としてない人の割合が違うことは事実です。しかし、もっとも大きな要因として、**「自分が主役」という価値観の強まりが影響している**ように思います。昔は「一生伴侶《はんりょ》を守り抜く」という態度が美しいとされましたが、今は伴侶以上に自分を好きになっているのです。結婚すると相手に合わせて個を曲げていかなければいけない、その折り合いをつけるのが不安だというのが「結婚したい」という欲求を低下させているのでしょう。

結婚は「コスパが悪い」

毎日新聞で若者の恋愛をテーマに取材を受けた際、特集記事になった「結婚はコスパが悪い」というタイトルは、反響を呼びました。

今の若者は個性重視の教育の影響もあって、理想は一つじゃないと教えられて育ってきた。不況もあり、将来の希望を抱いていないというのも特徴の一つだ。結婚が一番正しいという価値観は相対的に低くなり、損得で恋愛や結婚を考えるようになっている。

特に東京は地方と違って、多様なライフスタイルができるため、この傾向が強い。

（毎日新聞2015年5月6日付東京朝刊）

このときも、ただお金に対するコスパという視点だけでなく、自分の時間や労力なども含めて、家族に割《さ》いたものに対しての見返りが少ないという意味でコメントしました。個が立っているからこそ、結婚が今の自分にとって必要なのか、自分のものさしで合理的に判断してしまう。結婚すらコスパで考える世代なのです。

恋愛せずに「カモフレ」とデート

デートの行動パターンも様変わりしました。「デートの行き先を決めるのが女子になった」とはよく言われること。昔は男子がデートコースを決めましたが、今は男子が女子に行きたい場所を尋ねるといいます。相手が楽しんでいれば、どこへ行こうと自分も楽しい。この態度は「つくし」の感覚と重なります。

一方で、女性のほうは「自分が好きじゃない場所に連れて行かれるより自分が好きな場所に行きたい」という願望が強くなっているようです。自分を押し殺してまで男子についていこうとは思わない、ということでしょう。

しかし、つくし世代の若者はおおむね、恋愛には消極的です。ワカスタにも普通に「リア充」そうでも「恋人が出来たことがない」という学生が多いので、驚かされることがしばしばあります。

家族と同様、ほかに複数のコミュニティに属しているため恋愛の優先順位が下がっているのだと思いますが、ほかにも、**恋愛離れ**の理由がありそうです。

例えば、「リスクが怖い」というのも、若者が恋人をつくらない大きな理由として、よく聞く話です。彼らのいうリスクとは、コミュニティを壊すリスクのこと。別れた後、いまやSNSで悪評は一気に広まります。「こんな別れ方をした」とか「こういうところが嫌だった」とか。また、同じコミュニティにいると、周りの仲間が気を遣ってしまい、二人を同時に誘いづらくなるなど弊害がたくさん出てきます。なので、生半可な気持ちでは付き合えないですし、結婚しようとまで思わないとなかなか告白に踏み切れません。だから恋愛に躊躇する、というのです。

そして、結婚をしない理由と同様、「自分が好き」というのも大きな要因です。自分が主役であり、自分が一番。人のためにつくすことは好きだけど、特定の人をずっと優先することは疲れます。今若者には、「**カモフレ**（**カモフラージュフレンド**）」という存在がいて、恋人とするようなカフェデートや映画デートをしたければ、恋人ではないが恋人のようにデートができるカモフレと一緒に行きます。これも、前述した友だちの使い分けの一種ですね。

また、「**ソフレ**（**添い寝フレンド**）」という存在もいます。ただ添い寝をするだけで、肉体関係を持たない男女の友だちです。一緒に寝ることで、恋人がいない心のさみしさを埋めています。

恋愛に対して警戒心の強い若者は、様々な工夫をして、恋愛しているときのような充実感を手に入れているのです。

そんな彼らも「**子供は欲しい**」と言います。おそらく彼らにも自分が理想とする家族像があり、自分が子ども時代に味わった楽しさを、今度は自分の子どもと味わってみたいといった願望があるのだと思います。しかし、そこにたどり着くまでのハードルが、彼らにとっては極めて高いのです。

今どきのリアル

若者がLINEで「恋愛」を語る

若者たちの恋愛は論より証拠。若者たちの生の声で気づかされることが多々あります。実際に若者たちが恋愛に対してどのように向き合っているのか、ある意味時代的な男女2人に、恋愛についてLINEで聞いたときのやりとりをご紹介したいと思います。

彼らのマストアイテムはやはり「スマホ」です。スマホによって恋愛のスタイルはだいぶ変わりました。SNSによって、昔では気づけなかった恋人の周りの異性関係まで感じ取ってしまう苛立ち。別れた後もつながり続ける居心地の悪さ。また、恋愛の始まり方も進化しています。

気軽に「つながる」ことができるゆえにリアル関係にまで届かない現状。また出会いはスマホからというケースも少なくありません。むしろ多いくらい？　まずは可能性を最大限広げて、自分に合う人を見つけるというスタンス。

彼らの生声から若者の恋愛リアルを少しでも感じ取ってみてください。

女性編「別れた後」のSNSの影響

こちらの女子学生（大学3年生）は、数年付き合っていた彼氏と別れたばかりで、付き合っているとき、そして別れた後、SNSがどのように影響していたかを話してくれました。

「いいね！」は気になる

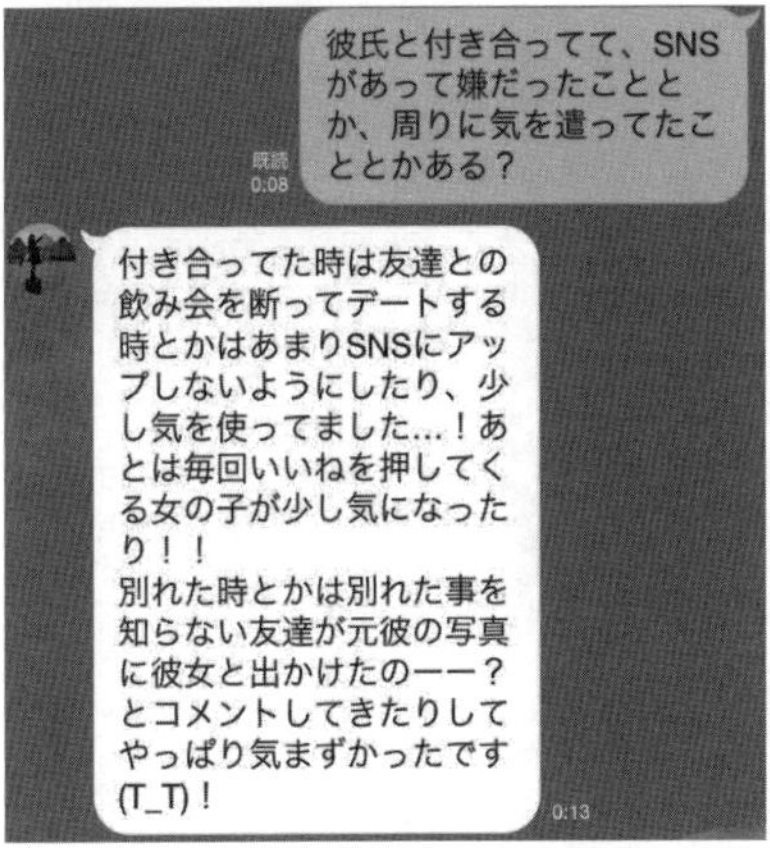

SNSを見れば、その人がどんな行動をしているか誰でも簡単に見ることができます。付き合っていなくても、気になる異性のSNSを詮索するという行為も多くの人がやっているようです。こちらの女性の場合は、彼氏のタイムラインをチェックして、誰が「いいね！」をしているかを気にしていますね。SNSによって見たくないものまで見えてしまうという弊害が起こっています。

「いいね！」の重さの違い

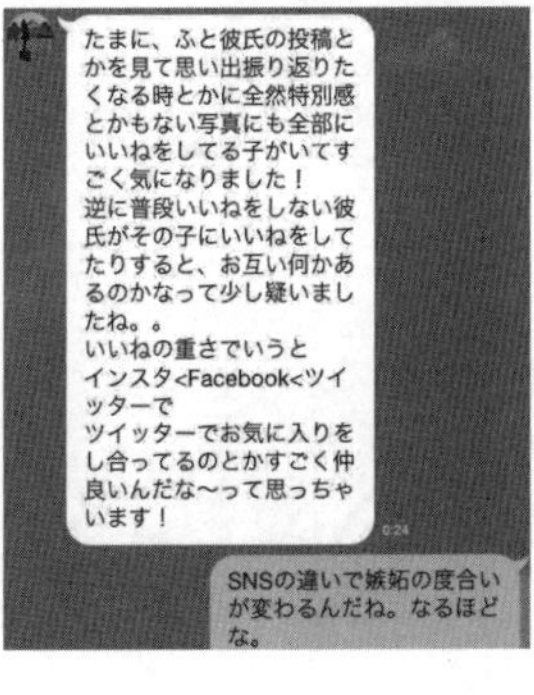

「インスタグラム」は対外的に、「この写真いいでしょ？！」と「いいね」をもらうために投稿する人が多い。逆に、ツイッターはより個人的な内容（独り言レベルも）を発信することが多い。ツイッターの「いいね」はその人自身への共感に近いのです。だからこそ、恋人は、ツイッターの「いいね」により強く嫉妬心を覚えるのでしょう。

別れた後の周りからのSNS監視

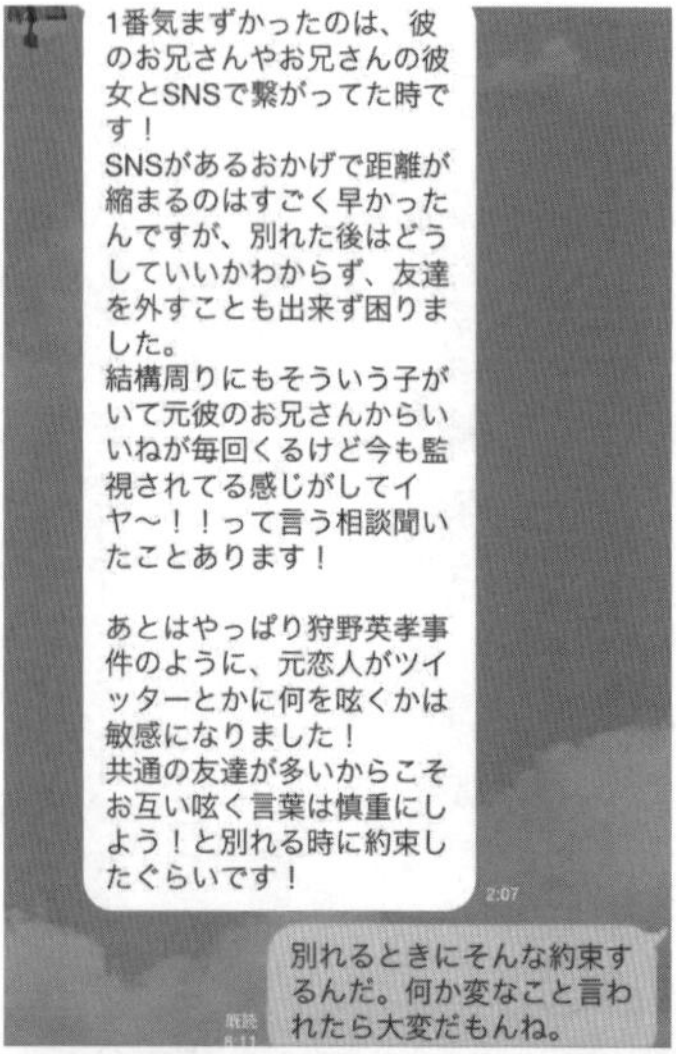
1番気まずかったのは、彼のお兄さんやお兄さんの彼女とSNSで繋がってた時です！

SNSがあるおかげで距離が縮まるのはすごく早かったんですが、別れた後はどうしていいかわからず、友達を外すことも出来ず困りました。

結構周りにもそういう子がいて元彼のお兄さんからいいねが毎回くるけど今も監視されてる感じがしてイヤ〜！！って言う相談聞いたことあります！

あとはやっぱり狩野英孝事件のように、元恋人がツイッターとかに何を呟くかは敏感になりました！

共通の友達が多いからこそお互い呟く言葉は慎重にしよう！と別れる時に約束したぐらいです！

2:07
別れるときにそんな約束するんだ。何か変なこと言われたら大変だもんね。

既読

SNSでつながると、なかなかそのつながりを外すことが出来ません。増えすぎた友だちをリセットするために新しいSNSを始めるという方も増えているようです。フェイスブックの利用率が落ちているのもここに要因がありそうです。また、恋愛関係のもつれからの「リベンジ」など、SNSの拡散のリスクと常に向き合いながら慎重に生きなければならなくなっているのも事実です。恋人同士が共通のコミュニティに属している場合は自分の居場所すらも失う可能性があるからです。

写真提供／ぱくたそ　＊これはイメージ写真です。

男性編「恋愛」が始められない！

こちらの男子学生（大学4年生）は、大学時代に一度短い期間付き合ってからその後彼女がいません。彼には「恋愛はどう始まるか」について聞いてみました。

ますます高くなる理想像

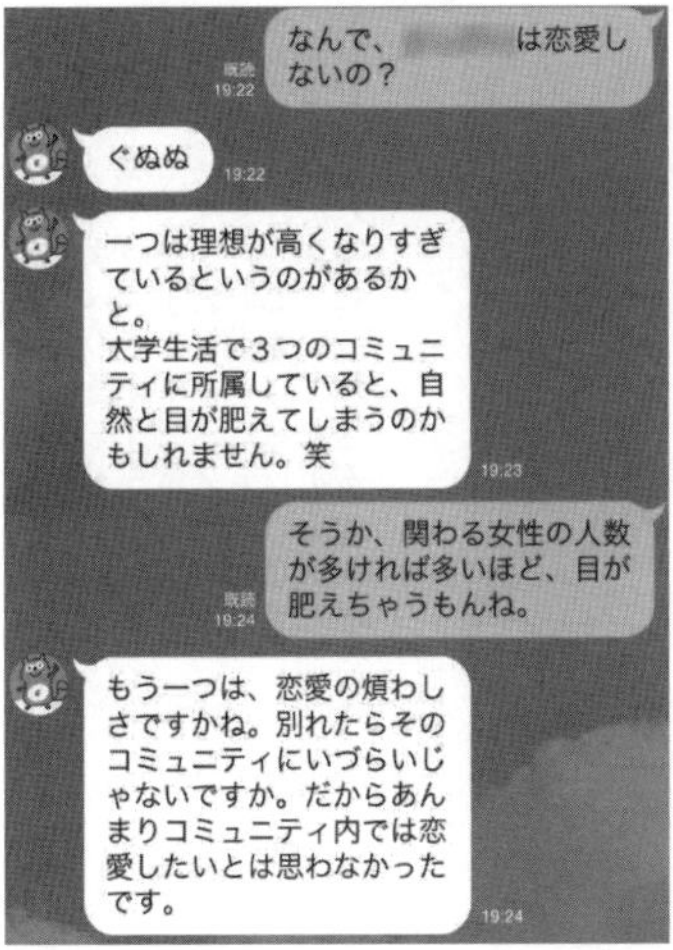

自分の居場所での恋愛は回避

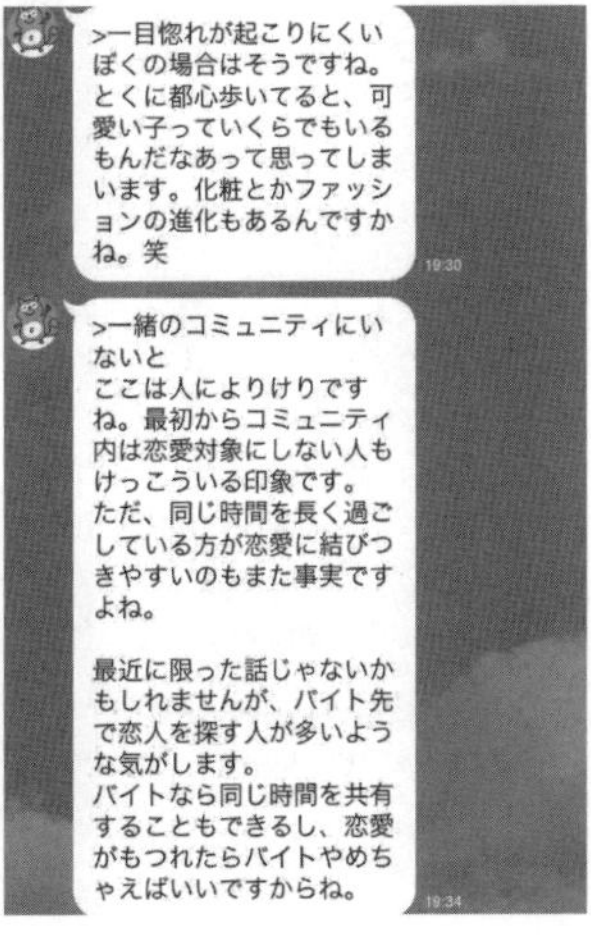

関わるコミュニティが増えることによって、出会う女性の数も増えていく。彼の場合は実際会ったことがなくても、SNSでつながった女性の友だちもタイムラインを通して知ることになり、知り合う女性の数は日に日に増える一方。自然と女性を見る目も肥えていき、なかなか本命の女性に出会えなくなっているのかもしれません。

コミュニティを壊すことを恐れる若者は、「バイト」で恋人探しをしています。もし恋人と別れても、バイトをやめればすぐにリセットできます。大学や地元の友だちと付き合うよりはるかに合理的なのです。

出会い系は死語!?

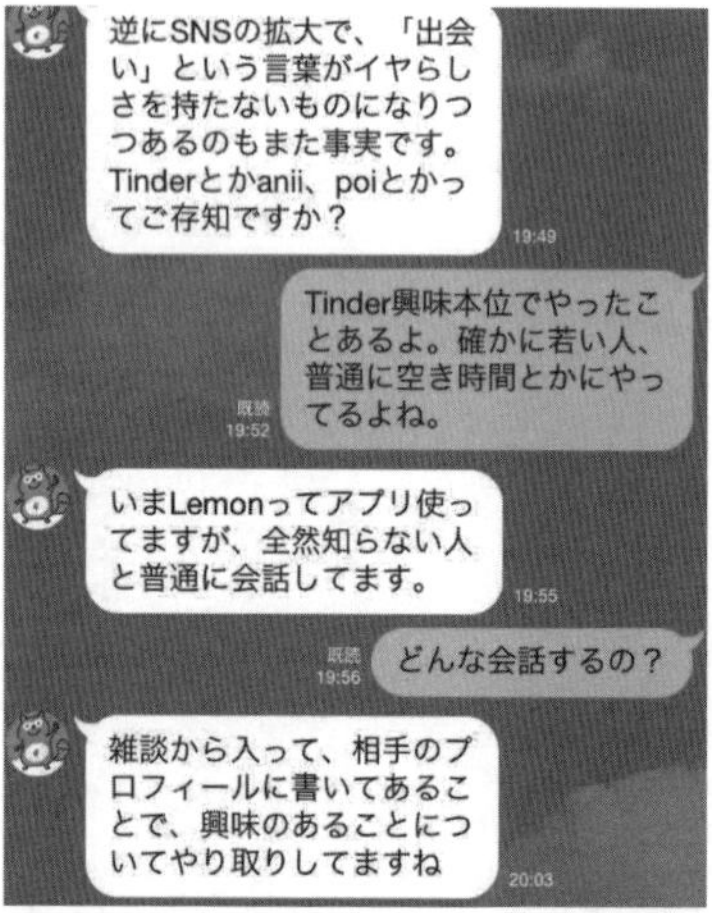

デジタル上で人とつながることが当たり前な世代だからこそ、出会い系アプリも限られた人だけでなく一般的に多くの人が使うようになっています。今の「出会い系」は一時のエロ系ではない「普通の会話からの恋愛」を求めるホットスポットになっています。Tinder、anii、poi、Lemonなどが人気のようです。

「バイト」が恋人探しの場に

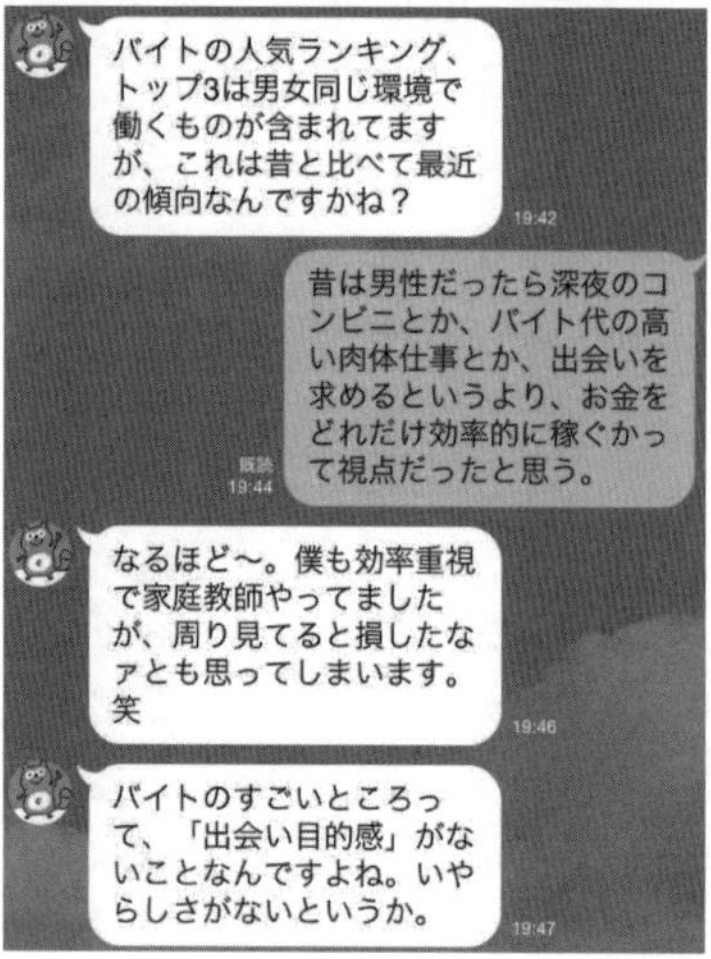

「バイト」はお金を稼ぐこと以上に、出会いの場として捉えられています。異性にガツガツしているように見られたくない若者にとって心地よく出会える場所なのです。

第6章

「身近な」ところから「しか」変えられない！

つくし世代にとって「政治」とは何か

ボランティア活動も自分ごと

若者たちは楽しみながら、社会に貢献したいと考える。
写真提供／産経新聞社

政治には無関心だが、社会は変えたい！

２０１６年夏の参院選から選挙権年齢が20歳から18歳に引き下げられ、18歳以上が新たな有権者となります。選挙は今後どうなるのか、若者の政治に対する参加意識が高まるのか。つくし世代の若者たちは、政治をどう考えているのか。私にとっても非常に興味深い問題です。２０１５年は、安保法制に反対する学生団体「SEALDs（シールズ）」の抗議行動が多くの若者を動員し、「政治に無関心だった若者が目覚めた」と沸《わ》いた年でもありました。

ですが、話はそう簡単ではないように思います。

まず私は「選挙権年齢引き下げに賛成ですが、今のままでは選挙に行く若者は少ないだろう」と考えています。

政治は彼らにとって「つくす」対象としてイメージできるものではない、というのが理由です。 というのも、彼らは「政治に対して自分は無力だ」と感じている。彼らには「自分の１票で世の中が変わる」とは到底思えません。

彼らにとって政治はブラックボックスであり、「自分が何をしてもダメ」というネガティブな印象を抱いています。また「**政治」となると自分たちとは距離が遠すぎて真剣に考**

図10　希望を持てると答えた若者は、わずか18%

Q. あなたは、日本の将来に希望を持てますか？
あなたの意識に近いものをお選びください。

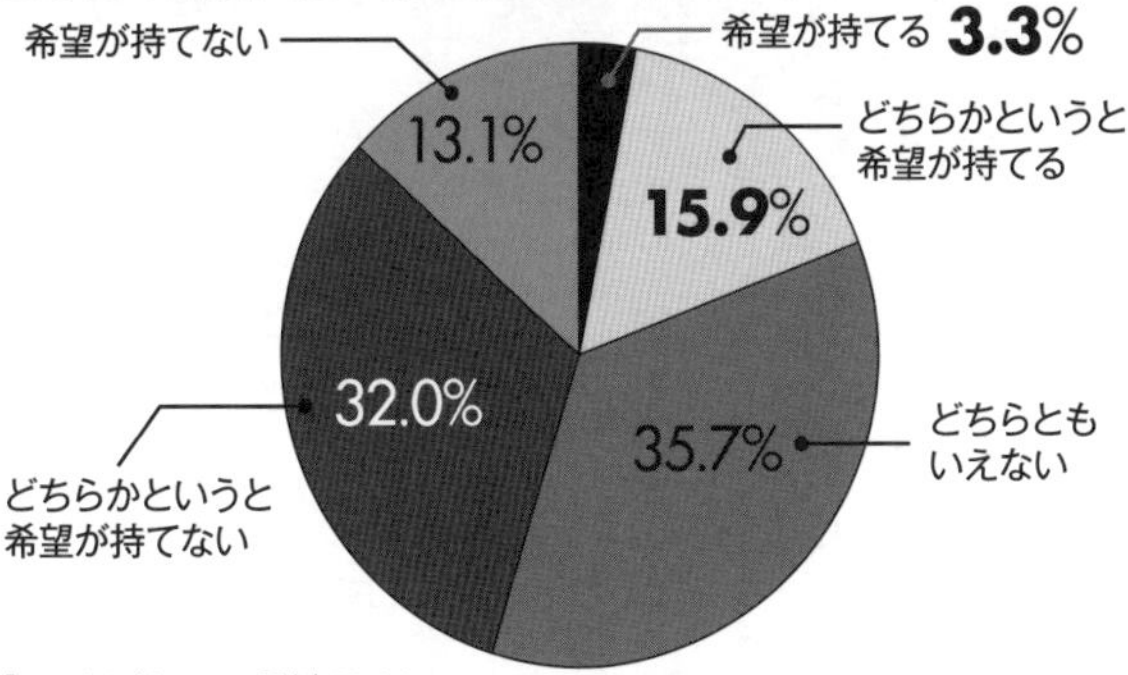

「ADK オリジナル WEB 調査」2016.3
全国 18-29 歳男女 824 名（男性 412 名、女性 412 名）

「日本の将来の希望が持てる」と答えたのはたったの 19%。「放っておけば世の中は悪くなる」だから「今を楽しむ」という若者のせつな主義の認識は一般化している。

図11　政治に興味のある若者は 4 割。
社会に不満がある·改善して欲しいことがある人は 7 割以上。
しかし、政治に関する知識があると答えたのはわずか 1 割強。

Q. あなたの政治に対する意識についてお答えください。

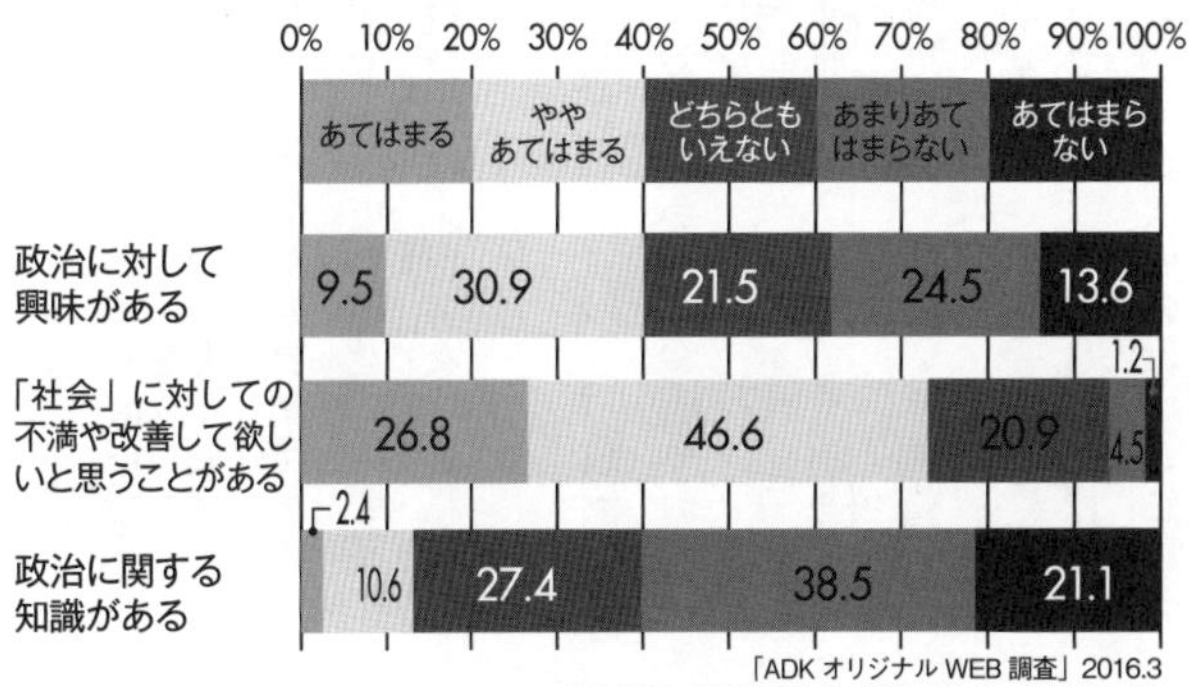

「ADK オリジナル WEB 調査」2016.3
全国 18-29 歳男女 824 名（男性 412 名、女性 412 名）

社会への不満を根拠に若者は政治に対して興味を持っている。しかし、政治とどう関わるべきか以前に、政治というものの知識がないゆえ、無力感を抱いている。

える対象ではない、ということも言えそうです。

日常的にSNSで誰かとつながり、相手を喜ばせるために「つくそう」とする彼らですが、その対象は、「顔の見える」誰かのために限られています。自分の味方である周囲のことについては「自分ごと」として深くコミットする一方で、自分と価値観を共有できない人たちに対しては「一緒にやってもムダだろう」とシャットアウトしている。このままでは、18歳以上から選挙権を得られるようになっても、全体の投票率は上がらないと私は予想しています。

また、「顔の見える」彼らの仲間から、政治に対する意見を見聞きしないのも、政治と若者の距離を遠ざける要因となっていると思われます。彼らは、おいしかったお店やお薦めの商品であれば、喜んで仲間にSNSなどを通して知らせます。そしてその情報はTVや企業側から伝えられるそれよりも信頼して受け取られます。前述した、ものごとを検索する際にツイッターやインスタグラムなどのSNSを使う若者が増えているという調査データが物語っています。

しかし、政治に関するネタは、仲間内でほとんど話題に上がりません。SNSでもほとんど投稿されないのが現状です。政治がまだ彼らの生活の中に入ってこないのは、ここにも大きな原因があると考えられます。

ではなぜ彼らは政治のネタをＳＮＳで話題にしようとしないのでしょうか。それは、政治を話題にすることにリスクを感じているからです。もしＳＮＳで政治的見解を発信しようものなら、他人からどんな反論がくるかわかりませんし、「炎上」でもすればコミュニティ内での居心地を悪くするでしょう。「政治＝タブー」という認識があるのです。それが政治的発言のリスク。そのため若者は政治的話題を避けるようになります。そして、若者世代の価値観や共感はおもにＳＮＳを通じて回ってくるものですから、そこに存在しないものは、どうしても縁遠いものになってしまいます。内心「シールズ」にも冷ややかな目を向けている若者が多い印象です。「就職絶対ヤバイよ」ということです。この視点を反転させ、政治や選挙について発言するポジティブな意味に焦点を当てることが、これからの課題ではないかと、私は思います。

ですが、この現状を打破できる可能性があると私は考えています。その可能性は、彼らの「つくしマインド」にあります。

つくし世代の若者は、他者につくすことを自身の喜びとし、変化を歓迎する素地があります。したがって政治に関心はなくとも「目の前の社会をより良いものに変えていこう」

という意識は強いのです。旧態依然とした社会は上の世代が持つ価値観を反映したものであり、自分にとって居心地の良いものではない、時代が変化しているのに社会が変わらないのはおかしいという疑念が、彼らには根深くあるのです。その疑念は政治参加につながるものではないでしょうか。

身近なコミュニティと政治をブリッジさせるには

では、どうしたら彼らの「社会を変えていく」関心を政治とつなげられるのでしょう。**ここで注目したいのは、自治体のイベントやボランティアに参加する若者が増えていることです。これは、自治体や学校が、「社会を変えていきたい」と考える若者と社会をつなげるチャンネルになっていることを意味している**のではないでしょうか。政治は彼らにとって距離が遠いかもしれませんが、もっと身近なところに社会との接点を持てたら、ということです。

今後ますます、こうした**身近なところから「社会を変える」経験**を積んでもらうことが有効になってくるのではないかと思います。

そうして自分の手の届く範囲にある社会と政治をブリッジさせるのです。漠然と「政治」

参加をうたっても若者たちには響きませんが、例えば「自分の高校の時間割が変わる」と聞けば強い関心を示します。学校区制度は政治が決めるものであり、自分が受けている教育も政治が変えているからです。大切なのは若者がその事実を知り、体験し、考えることです。

また、社会変革を担うリーダーは政治家ばかりとは限りません。例えば、経営者はビジネスを通じて社会を変えようとしています。自治体や学校、政治のみならず、何か一つでも「社会を変えていこう」というメッセージを発信している人を見つけることがカギだと思います。「政治は国の仕事」だと思うと自分と政治の間にどうしても壁ができてしまいますが、実際は法規制とビジネスは密接に関わるものですし、産業界も政治に対して影響力を及ぼしている。こうした構造を知ることも政治意識を養うことにつながります。

例えば公益財団法人日本ユースリーダー協会主催の**「若者力大賞」**は若者が社会を変えていく兆《きざ》しを取り上げようという試みで、それを世の中に広く知ってもらう機会として役に立っています。これにより「何かやりたい」と思っている若者たちが「自分も頑張れるんじゃないか?」と一歩踏み出すきっかけを与えられるかもしれません（第一期のワカスタメンバーの石橋孝太郎君が代表を務める「ＳＴＵＤＹ ＦＯＲ ＴＷＯ」は「若者力大賞」第７回ユースリーダー支援賞・団体部門を受賞しました)。

また政治が身近な社会を変えるための手段であり、ポジティブなものであるという理解を促す積極的な仕掛けも必要になるでしょう。

若者を動員した「すごい!鳥取市」のすごさ

国政への無関心とは対象的に、地方自治体の取り組みには強い関心を示しています。地方自治体主導の街づくりやコミュニティ作りは、つくし世代が「自分が理想とする社会」「こうあったらいいなと思う社会」を実現していく動きと重なるところがあるからでしょう。

何よりも身近です。国は遠く、自分が住む街は近い。いくら重要なイシューだとわかっていても「これからの社会保障が」という話題になると自分ごととして捉えにくく、「年金は多くもらえたほうがいいよね」で興味が尽きてしまいます。しかし自分が住む街に関するイシューなら、自分に心地いい居場所づくりに直結します。

また地方自治体からは頑張ろう、新しいことをやっていこう、という気運が感じられますし、彼らは若者による変化を期待してもいます。そして若者はいつでも自身の創造性を発揮できる場所を求めている。自分が生きやすい社会を自らつくりたい、新しい価値観を生み出したい。そんなところに喜びを感じている若者にとって地方自治体は、WIN-WINの関係を作るパートナーになり得るでしょう。

ここでは、鳥取市の取り組みを紹介しましょう。

「すごい！鳥取市」のホームページ
写真協力／鳥取市（http://www.city.tottori.lg.jp/sugo/）

２０１４年7月、鳥取市は「もっと観光客や若者を増やしたい」と、ADKも関わりながら「**すごい！鳥取市**」プロジェクトをスタートさせました。核となるコンテンツは、20代メインの鳥取市在住のメンバーが「鳥取市の面白いところ、いいところ」を持ち寄りワークショップ形式で１００個抽出するというもの。ADKの担当者によれば、鳥取市の人たちは謙虚な人柄らしく、ワークショップでも控えめだったそうです。そこで県外の人たちもワークショップに混じり、鳥取市の人たちが「当たり前」に感じ、自慢しようとは思っていなかった部分を引き出していったようなのです。現在は写真集にまとめられてもいます。地方自治体の取り組みというと、ともすると地味なイメージがありますが、これは相当ポップです。一つずつの「ここがすごい！」も、「おもちゃ専用の博物館があるのが、すごい！」「脂に火が点くほどの『塩サバ』が絶品ですごい！」「市長のギターの腕前がプロ級ですごい！」など、若者らしい目線が利いています。

若者の力で地方を変える。同様の取り組みが今、日本各地で同時多発的に発生しています。これは、若者の政治参加を考える上で、貴重なヒントを提供してくれているように思います。

上から目線で国がいきなり「若者を選挙へ」と謳《うた》っても、そこには若者らしいアイデアが反映される余地がありません。しかし若者自身がコンテンツを探し出した「すごい！鳥取市」のように、新しい選挙のあり方、楽しみ方を「若者も関わりながら」つくっていくことができれば、これまでとは一線を画《かく》す政治観が醸成《じょうせい》されていくのではないでしょうか。

ここでのポイントは若者の「自分たちが関わっている」感をつくり出すことです。

ここまで整理すると、若者の政治離れの原因が改めてクリアに見えてきます。今の若者にとって政治は、自分と価値観がかけ離れた人たちが動かしているもの。だから縁遠く感じる。さらには、**タブー視**すらされる。**この距離を乗り越えるには、些細なことでも若者たちの琴線に触れる「共感」を用意することだと思います。**例えば選挙にしても、「選挙ポスターを芸術大学の学生がつくる」というだけでも、選挙にいくモチベーションは変わります。

ボランティアも「自分ごと」

根源的なさみしさを抱え、普段から居場所を探している若者たちにとって、最大の喜びは「自分の存在意義が認められること」です。

自分がいることによって人が喜んでくれる、感謝してもらえる。とにかく「人に必要とされている」場所こそ、彼らにとって究極的なゴールです。だから誰かにつくし、コミュニティにつくす。「社会を変える」「コミュニティを変える」ために立ち上がりもする。

上の世代がその様子を見ると、「そんなに人のことばかりで、疲れない？　大変じゃない？」と言いたくなるかもしれません。他人のことなんて気にせず、自分の好きなことをすればいいじゃないか、と意見したくもなる。

しかし、つくし世代はもう十分、自分の時間は満たされているのです。モノも情報もある、インターネットもあれば、複数のコミュニティもある。身近にいる友人や家族のためには日常的につくしています。また自分の趣味を追求しようと思えば、いくらでも追求できる環境があります。趣味に没頭する時間を皆が持っていて、やろうと思えばそれだけで幸せに生きていくことができるのです。

このように自分（内側）が満たされているからこそ、今度は他人（外側）の満足に向かう、という心理があるのでしょう。それがまた「つくしたい」自分を満足させることにもなる。だから「今、何が必要？」と若者に尋ねると、「人から必要とされること」という答えが返ってくるのです。確かに、他者貢献ばかりでは疲れてしまうかもしれませんが、自分の趣味の時間も充実していれば、うまくバランスがとれるようです。

東日本大震災以降、ボランティアに汗を流す若者も増えました。もはやボランティアは「一部の人だけが関わる特別なこと」ではありません。

その動機のおおもとまでたどっていけば「**さみしいから**」という理由になるのかもしれませんが、若者たちが口にする動機は純粋です。人を助けるためにつくす、ありがとうと言われたら嬉しいし、同じ価値観を持つ仲間と盛り上がるのも楽しい。ボランティア活動も一部の人だけが関わる特別なことでなくなったのは、そう思える若者が多数を占《し》めるまでになったからではないでしょうか。

経験がないからこそ若者の政治参加に意味がある

選挙権年齢の話題において、選挙権年齢の引き下げに反対する識者もいます。例えば上の世代には「18歳なんてまだ自分が確立していないじゃないか」という意見があります。ここで上の世代が問題としているのは「経験」の話。経験がないものは政治においても正しい判断ができないと主張しているのでしょう。

おっしゃる通り、経験を通じて価値観が変化していくこともままあると私も思います。しかし現実はどうでしょうか。私はここまで「若者は価値観が早いうちから確立している」と説明してきました。そのため若者たちは、政治（社会）についても自分なりの意見を持っています。彼らの言葉から感じ取れる社会の変化も、きっとあるはずです。上の世代には、そこに目を向けてほしいと思います。いつまでも過去の成功体験にとらわれていると、「昔は良かった」ばかりで、一昔前の経験や価値観でしか物ごとを判断できません。そうではなく、まさに今、新しい社会を生きている若者の価値観で一度世の中を眺めてみてほしいと思います。

過去の経験をいったん脇において、フラットな視点から物ごとを眺めたら、また新たな方向性が見えてくるに違いありません。

これには、おそらく上の世代ではなく、若者たちのほうが適任であるはず。成功体験がない分、なんの偏見もない目で、物ごとを捉えることができるからです。若いうちから価値観を確立している彼らは、常識に流されず、常識を疑える強さを持っています。それこそ、18歳なら大学入学前、知識も経験も上の世代にはまったく及びませんが、「今、この環境でのベストは?」という問いかけに、すぐ正解できるのは若い世代かもしれません。それは経験がないゆえに、経験にとらわれるリスクが少ないからです。

それに、経験が大事だというなら、なおさら早くからの政治参加を促したほうが多くの経験値を高められていいと思うのですが、どうでしょうか。そうすれば、30代、40代になって政治に参加しないまま、という人を減らせるのと思うのですが。

社会の変化をつくし世代が導く——後藤君の想い

私がこの章で伝えたい一番のメッセージは、「つくし世代の若者は、社会の変化を導く船頭になるポテンシャルを持っている」ということです。政治においても、同じような存

政治教育プログラム「票育」を全国の中高生に提供する後藤君

在になってほしいと、私は願っています。そして、その願いを具体的に実現している若者もいるのです。通称「ぼくいち」。NPO法人「僕らの一歩が日本を変える。」の代表理事を務める中央大学3年生、後藤寛勝君です。アンダー22歳の若者による新しい政治教育モデルとして教育ならぬ「票育」を推進しています。彼の主張に一貫して流れているのは、未来は誰のもの？　という問いかけと、それは私たちのものだという希望を捨てない、折れない気持ちです。しかし、そんな彼も、高校時代を振り返るときに大きな矛盾を感じたようなのです。後藤君は進学校に在籍して、そのときに学業以外の才能ある多くの仲間と出会い、彼らをリスペクトしていました。彼自身もボート競技でインターハイ出場するなどの才覚を発揮していました。

農家の友だちは「農業を全国的に広げ、農業立国として日本を再編したい」と、コンピュータの知識が豊富な友だちは

「ITでビジネスとして成功させ、世界を変えたい」、ピアノで全国大会8位に入る友だちは「音楽で世界を変える」と、それぞれ夢を語り合っていました。それなのに、みんな、途中で諦めていったようなのです。理由はお決まりの大学進学。夢ばかり見ていたって、痛い目に遭《あ》うから……。後藤君は言います。「みんな漠然とした社会への不安感があった」と。

でも、彼にはそんな自分の将来の夢を、不安であるという空気感だけで諦めていいのかという怒りにも似た感情が宿っていました。ならば変えよう。何を？　社会への不安を。誰が？　自分で！という思いが、後藤君が政治を「自分たち若者世代」に引き寄せるきっかけになりました。誰かに任せるのではなく「自分ごと」として政治を考える。そうした想いが、彼を具体的な行動へと結びつけていきました。

「ぼくいち」の活動は、こうした自分の問題意識から生まれ、特に、将来への不安で夢を諦めるような「自分たち若者」を生んでいる社会に対し、もっと身近なところから変えていこうと呼びかけるところから始まりました。それは、自分たち若者へ、社会参加の呼びかけでもありました。現在、全国の中高生に「票育」を通じ、政治参加をわかりやすく出前授業したり、政治教育プログラムの提供をしたりしています。メンバーは、すべて大学生。若者が若者を導くということで、中高生はよく理解してくれるという実感を持っているようです。

彼の活動のポイントは、**自分ごとの等身大の問題を、同世代の後輩たちの他人ごとの問題として「共感」を呼びかけ、進展させたことにあります。まさに「つくす」ことで少しずつ政治を変える社会の芽を「つくり」育てあげているのです。**

後藤君は政治に対する志を持ちながら、「政治家という職業を目的化したくない」と語ります。「世の中の感性と政治家の感性に大きなギャップを感じているんです。今は、政治家のほうが**マイノリティ**。世の中が持っている感覚とは程遠いからです」と後藤君。

彼らは一人ひとりが自分の長所を生かしヒーローになれる希望ある社会を目標に積極的に政治にコミットしています。つくし世代の若者は、自分たちの力で、自分たちの価値観を信じて、実際に政治を取り戻そうとしているのです。

終章

つくし世代の良さを引き出すために

「それな！」で共感するとき、ものすごいエネルギーを生む

WIN-WIN
仲間同士が楽しく、幸せになれるようなこと、その関係性を示す。

「やりたいことがない」と「価値観の確立」は両立する

本書では、つくし世代の若者は、理想の自分の姿や幸せのイメージ、ここは譲れないという価値観をしっかり持っていると再三再四繰り返してきました。

彼らが迷うことがあるとしたら、「手段」の部分です。つまり「この価値観を満たすためにはどうしたらいいか」。人生経験がなく知識も不足している彼らは、生きる目的ははっきりしていても、その目的を叶《かな》える手段がわかりません。彼らもそのことをちゃんと自覚しています。

早いうちから、「自分はこれをやれば満足感を得られる」という手段を発見できた若者は驚くようなスピードで成長していきます。「英語を使った仕事がしたい」となれば高校時点で留学するのも珍しいことではありません。目立ったアクションを取らない若者でも「こういうふうに暮らしたい」「こんなふうに仕事がしたい」という意志はしっかり持っていることがほとんど。ただ、それを実現するための手段を模索しているだけなのです。

今、ここに「つくす」こと＝幸せになれる仕事

仮に、私が彼らに「仕事というのは、そういうものではない。一意専心することでスキ

ルが獲得できる繊細なものなんだよ。だから最低10年は続けなさい」と諭《さと》したとしても、こう切り返してきたりたりするのです。「10年先に今の仕事自体があるかわからないので、そうした仕事に10年も賭けられません」と。

社会学者の**古市憲寿**氏が『絶望の国の幸せな若者たち』（講談社）のなかで「**コンサマトリー（自己充足的）**」という言葉を用いて若者の「幸せの正体」を「**今、ここ**」の身近な幸せを大事にする感性であると分析しました。若者の仕事への見通しも極めて「不透明」だからこそ、彼らは「今、ここ」で「つくす」ことができるもの（＝幸せになれる仕事）と、それに就くための多くの機会を欲しているのです。

ゆえに彼らが欲しているのは、「つくす」手段となる「きっかけ」です。多くの選択肢から自分の力を試したいと若者が思えるようなきっかけが大切になります。それは、若者の共感を呼ぶ価値観を発信することです。例えば、若者を新しく職場に採用しようと考えている会社の人事の方々ならば、多様な職業がある現在において「自分たちの会社が、誰に、何を、どのように幸せにすることができるのか」について、具体的かつ正直に伝えることが必要だと思います。そこに彼らの価値観を満たすにふさわしい手段があれば、「それな！」という共感が生じるのです。彼らのモチベーションも奮い立ちます。

「手段に悩む」彼らの姿勢は、上の世代の目には奇異に映るかもしれません。例えば、上の世代に言わせると「どんな仕事も、まずやってみろ」が本音かもしれません。

でも、若者たちはおそらく「10年やって初めて気がつく」ことに貴重な時間を投資すること自体をリスクだと感じています。第2章でホリエモンの「寿司職人が何年も修業するのはバカ」という発言を紹介しましたが、つくし世代の若者が共感するのは、こうした「現実的」で「合理的」な意見のほうだと思います。状況に依存し、甲斐がなかったと気づいた時の失望感を想定しながら慎重に生きているとも言えるのです。

不透明な未来を生きる若者にとって希少なリソースは「時間」

例えば今、昭和30年頃を振り返ると、現在、つくし世代の若者たちが悩むほどには職業的な選択肢がなかったはずです。さらに、「一つの道を邁進するだけで食べることができ、その長い勤務歴が**職人**として本人のキャリア（出世と昇給と終身雇用）となった」時代とも解釈できそうです。**つまり、職業的な選択肢はなくても自分の仕事と社会の成長が一致したことによる一体感**（幸福感）**はあったのではないでしょうか。**

日本が高度成長期の時代、その頃は「一つの、職業を地道に続ける」ことに、名実ともに「価値があった」のです。

しかし今を生きる若者には、いくらでも職業的な選択肢があっても、「たった一つの選択」にすべてを捧げることに対して疑問を感じます。反復しますが、現在から10年スパンの未来においてすら、若者自身が何を選択すれば長期的に安定した雇用が維持されているのかどうかを予測できないからです。**つまり、若者にとって最大のリスクは、未来を保証し得ない不透明な「今の時代」そのものになります。**

また今の若者には、「10年やれば、100％の成果が得られても、たった10分のレクチャー動画で70％の成果が得られるならその能力は、プロフェッショナルなものだ」という〝割り切り〟があります。「100％本物の味」を求める海原雄山（マンガ『美味しんぼ』登場人物で美食倶楽部を主宰する味覚の達人）的な一部のグルメに嫌われても、多くの人間には十分に通用するからです。

やはりこれもネットの恩恵です。今はネットを見るだけで7割はわかる。若者は「それで十分、浮いた時間でもっとほかのことをいろんな人から学んでいこう」というスタンスなのです。限られた「人生の時間」というリソース（資源）を大事に使いたいという「見通し」から、演繹する思考法に拠るのかもしれません。そうした合理的な思考はデジタルネイティブ世代、ゲームに夢中になった経験から由来し、「エンド（終わり）」から考えてしまう傾向が若者に根づいているのかもしれません。「コスパ意識」とは、つまり「時間」の可能性を考える志向性なのかもしれません。

若いこともあって彼らの吸収力はかなり早い。そして興味を持ったことについてはトコトン吸収します。

好きなことは徹底して「深く」。ただし、その「好き」の選択肢が豊富にあるため、そこから一つを選ぶために時間をかけるのが、今の若者の特徴だと言えます。

つくし世代の「ポテンシャル（潜在能力）」を引き出すためには

つくし世代には社会にポジティブな変化をもたらすポテンシャルがある。本書はこの仮説をさまざまな方向から検証してきました。

彼らは「それな！」の共感で連携しながら、自らの価値観を信じ、新しい時代に適したより居心地のいい社会を作り上げようとしています。「ＷＩＮ－ＷＩＮ」を絶対条件とする彼らが作り上げる社会は上の世代にとっても好ましいものになるはず。私はそう確信しています。

その一方で、私が「もったいない」と思うのは、やはり今の世の中が、若者のポテンシャルを引き出すものになっていないこと。もっと彼らが輝ける環境づくりを、私たち大人世代が中心となって、総力をあげて進めていくべきだと思います。

第4章で「企業」を舞台にその環境作りを取り上げましたが、最終章では広く「社会」が若者に何をするべきか、改めて説明したいと思います。

一つめは「もっとオープンに」。昔は「ムラ社会」というのか、ごく限られた自分の周囲にいる人たちだけで手を取り合うところがあり、部外者をヨソ者扱いするきらいがありました。表面上は愛想よく振る舞っていても、内心ガードを固めており、本音のトークをしようとしませんでした。

しかし「自分が主役」の今の若者は、早くから自身の価値観を確立しており、そのため多くの個が共存し、連携する環境に慣れています。誰かと誰かが出会ったときに起こる化学反応や、共感が生み出すものすごいパワーもよく理解しています。

そんな彼らに対しては、ムラ社会ではなく、「広く深く」のコミュニケーションが可能なオープンな環境を提供してあげるべきでしょう。そうして出会いの可能性を高めるのです。共感し合い後々まで関係が続いていくのは、そのうち一握りかもしれませんが、それならば出会いの可能性を極限まで広げる努力をして、共感の絶対数を増やせばいい。

すでに、シェアハウスやシェアオフィスなど、オープンな空間で出会いを促す取り組みがあちこちで実践されていますが、これらの取組を加速させていくのもいいでしょう。それぞれ異なる強みを持った若者たちが出会いを求めて集まり、そのなかで共感し合う関係が生まれていく。そんな場所が増えていくことを期待します。

二つめは「コーディネーター」人材に対する評価を高めることです。第3章で触れたように、個が確立したことでスペシャリスト的な人材が多く輩出される時代です。しかし彼らの強みが生きる場所を探し出して与えたり、「この人とこの人を引き合わせたら絶対に面白いな」と、異なる強みを持った人材をつなげて連携させたりする人材も、他方では必要になってくるでしょう。そんなコーディネーターがいれば、つくし世代は一層輝きます。彼らコーディネーターに必要な気質は、いろいろなところに広くアンテナを張り、また社交的であること。そして何より、そのことに対して本気で夢中になれる熱量を持っていることです。周りの人の共感を引き出せるほどの熱さを持っている人材を評価し、育成することが、社会を活性化する上で、今後必要になってくるでしょう。彼らが次世代のリーダーになっていくと、私は確信しています。

三つめは「若いうちから主役になれる機会」を提供することです。近年、「優秀な人でもなかなか大手企業に就職できない」「優秀な人材がベンチャーに流れていく」という現象が起きています。いくら若者が新しい感性を持っていても、大企業に勤めると4、5年は下っ端に甘んじざるを得ず、与えられた業務を従順にこなさなければならないケースが多いためです。若者にはそれがバカらしく、「何のためのルールなんだよ」と憤るわけです。

こうして若者たちは大企業から「逃げて」いきます。私の周囲にいる、入社1、2年の若者に「今の仕事どう？」と聞くと、「本当にやりがいを感じない」「何のために働いているのかわからない」などという悲観的な答えがよく返ってきます。

しかし興味深いのは、大人世代に「若い世代ってどう？」と尋ねると「受け身で、与えられたことしかやらない」「『言われていないからやりませんでした』と平気で言う」といった答えが返ってくること。「個が立っていて確立している」つくし世代の話と、「マニュアル世代で受け身」という上の世代からの評価が矛盾しているように思えます。

ですが、実際のところ、矛盾は生じていないと私は考えています。つくし世代が職場において「受け身になる」のは、「与えられたものはこなす、そうしなきゃ会社でやっていけないでしょ」と割り切っているからです。「やりたい仕事」はある、しかし、そもそも自分がやりたい仕事をできない職場であるなら「会社員として最低限、与えられたことだけこなそう」と割り切る。おかしなところは一つもありません。

これは会社のなかだけに限らず、社会においても、若いうちから全権を握り、何でも自由にできる、自分が主役になれる環境であれば彼らはものすごい力を発揮するのです。しかし「僕は下っ端なんだ」と割り切ったとたん、下っ端としての仕事をこなすのみ、受け身のほうにスイッチが切り替わってしまいます。

この点を上の世代が認識しているかどうかが、若い人を育て、彼らを輝かせるためのカギになるでしょう。

最も重要なのは「それな！」

つくし世代の若者のポテンシャルを引き出すために、社会が何をするべきか。特に上の世代の方々にとって最も重要なのはやはり「共感」です。自分の価値観に会う人や言葉に出会ったとき、つくし世代は「それな！」という共感の言葉を口にする。彼らは「それな！」の連鎖でつながっていきます。

各々《おのおの》の価値観が触れ合うことによって生まれる共感は、連鎖を繰り返すことでエネルギーをどんどん増大させていきます。若者にとって答えは自分のなかに眠っているもの。上から与えるではなく、共感できる価値観を触れ合わせることで、やる気を生み出していきます。

本書では、何度も「共感」という言葉が出てきました。今の若者と理解し合うためには本当にこの共感し合える関係性が大事なのです。

共感できる関係を築くためには、「若者の土俵に乗ってあげる」「同世代のできるやつと接触させる」「ナナメの関係づくり」など具体的な手法も紹介してきましたが、最も重要になるのは、上の世代側が、若者と向き合う際のスタンスです。**心をさらけ出して本音で接することができるかどうか。**ここに懸かっています。

「経験値が若者より自分のほうが上」と上から目線になっていたり、「若者の考えていることは分からない」と距離を置いたりすると、若者の共感は得られないでしょう。大切なのは、何も気張らず、ありのままの自分をさらけ出すこと。昔話や自慢話などはせず、フラットな立場で彼らの中に飛び込むこと。変に身構えたり、擦《す》り寄ったりせずに、心を開いて接すれば、彼らも心を開いてくれるはずです。お互いの心がオープンになって、お互いが相手の心の内を知って初めて「それな！」という共感の連鎖は始まるのです。

「自分ごと」を広げる若者が「つくる」社会への信頼

社会に出て行ったつくし世代の若者たちは、この先どんな活躍を見せてくれるでしょうか。私はそれが楽しみでなりません。これまで私が接してきた若者たちを通じて、自分の強みと他人の強みを生かし「つくし」合いながら、自分の所属するコミュニティを確かな「居場所」として小さな社会として「つくり」上げていくという期待感があります。

「今どきの若者は……」という言葉に見るように、常に上の世代にとって若者は異物として、他者として、あるいは自然という時間性のなかで次第に、上の世代を追いやる脅威として語られてきたように思います。

しかし、今までとちょっと違うのは、**今の若者には、「公」がありきではないことです。**自分の価値観を信じ、自分の意志で関わり、一個人として居場所に集まり、社会生活を営むということは、私というエゴを他人のエゴと調整しながら、パブリックな空間を共有することにほかなりません。

「社会を良くする」という行為は利他的なものに見えるかもしれませんが、そこには自己の利益に還元される可能性が含まれています。自分ひとりの利益を追求しても、社会を動かすほどのインパクトは得られない。ならば他者と協働し、社会を変えていくことで初めて自己の利益も得ようとする。そのような**「公」と「私」の新しい関係**が生まれつつあるように思います。

俳優であり株式会社リバースプロジェクト代表として社会活動も行っている**伊勢谷友介**さんの言葉が、こうした社会観をうまく捉えています。

「我々は何のために生きているのか。贅沢な生活をしたり、あくせく働くために生きているんじゃない。ただひたすら『命を未来につなぐ』ために生きている。とすれば、考えることはただ一つ。『人類が地球に生き延びるためにはどうすればいいか』ということ。そのためにこの命を使いたい。『利己』ではなく、『利他』のためにどれだけ尽くせるか。命をどれだけ使える覚悟があるか。それが僕の生きるエネルギーになっています。」（『週刊SPA!』2015年11月17日号）

日本社会において、彼らはこのような社会観を「実践」する最初の世代ではないかとさ

え、「つくし世代」の若者を見ていると、私は思うのです。

つくし世代には「それな！」という共感があれば、どこでも引き込まれていく、そして引き込んでいくパワーと行動力があります。その意味でも、「自分ごと」としての共感を同心円的に広げていく若者こそ、時代を担う適任者だと私は思うのですが、皆さんはどのように思われるでしょうか。

最後に

最後までお付き合いくださり、読者の皆さまには感謝いたします。

昨年、人生初の書籍『つくし世代「新しい若者」の価値観を読む』を書いているときは、こんなにも早く、次の機会をいただけるとは思ってもいませんでした。

この本を書くきっかけとなったのは、KKベストセラーズの山﨑実さんに声をかけてもらったことです。「『つくし世代』に共感しました。一緒に、若者のポジティブな面をもっと世の中にアピールしていきましょう。」とおっしゃってくださいました。本書で述べてきた、まさしく「共感」のパワーです。

今回は本当にスケジュールもタイトで、仕事の合間を縫っての作業ということもあり、かなり苦労もしましたし、山﨑さんには本当にご迷惑をおかけしました。校了の一日前の深夜3時に、この「おわりに」を書いています（笑）。でも、若者に対して、世間の注目が集まるこのタイミングに出すことが本当に意義のあることだと思っています。この本をきっかけに、若者に対する見方が少しでも変わってくれたらと願っています。

「ワカスタ」がスタートして3年半。これからもっともっと、若者のチカラで新しいことをしかけていきたいと思っています。無限の可能性を秘めた彼らと、何か一緒にやってみたい、パワーを感じたい、という方がいましたら、お気軽にお声掛けください。「それな！」と飛んでいきます。私のフェイスブックに直接メッセージでも、ワカスタHP（http://wakasuta.com/）のコンタクトからでも構いません。熱い共感待っています。ぜひ一緒に若者と新しいことにチャレンジしましょう。

最後になりましたが、今回執筆するに当たり、ワカスタをはじめ様々な方々に協力してもらい1冊の本を作ることができました。今回本文に登場してくれた風見ひかりさん、小西智貴君、後藤寛勝君、瑞田信仁君、中村朝紗子さん、増原大輔君（五十音順）、話を聞かせてくれてありがとう。そして取材協力に応じていただいた武田昌大さん、和田直人さんにも感謝です。写真を提供してくれたワカスタのメンバーもありがとう。そして、山﨑さん、ライターの東雄介さん、とても濃密でスピード感のあるジェットコースターのような3カ月間、とても楽しかったです。本当にありがとうございました。

藤本耕平

惜しみなく取材協力をしていただいたワカスタのみんな

藤本耕平（ふじもとこうへい）
1980年、神奈川県生まれ。一橋大学商学部卒業。2002年、株式会社アサツー ディ・ケイ（ADK）に入社後、現在まで14年間、様々なジャンルで企業の戦略マーケティング業務に携わる。10年から若者プロジェクトリーダーとして研究を開始。12年、情報感度の高い学生メンバーで構成する若者研究部隊「ワカスタ（若者スタジオ）」を創設。企業と学生と共同で若者向け新商品、キャンペーン開発を行う。著書に『つくし世代「新しい若者」の価値観を読む』。

「つくす」若者が「つくる」新しい社会

ベスト新書 506

——新しい若者の「希望と行動」を読む

二〇一六年四月二〇日 初版第一刷発行

著者◎藤本耕平

発行者◎栗原武夫
発行所◎KKベストセラーズ
東京都豊島区南大塚二丁目二九番七号 〒170-8457
電話 03-5976-9121（代表）
装幀フォーマット◎坂川事務所
印刷所◎近代美術株式会社
製本所◎ナショナル製本協同組合
DTP◎株式会社三協美術

ISBN978-4-584-12506-9 C0230